研究性学习与创新教育

教师理论与学生实践

黄玉杰 □ 主编

中国国际广播出版社

图书在版编目（CIP）数据

研究性学习与创新教育：教师理论与学生实践 / 黄玉杰主编. -- 北京：中国国际广播出版社，2021.4
ISBN 978-7-5078-4892-2

Ⅰ.①研… Ⅱ.①黄… Ⅲ.①中小学—教学研究 Ⅳ.①G632.0

中国版本图书馆CIP数据核字（2021）第069200号

研究性学习与创新教育：教师理论与学生实践

编　　者	黄玉杰
责任编辑	张娟平
校　　对	焦　松
装帧设计	文人雅士

出版发行	中国国际广播出版社有限公司 ［010-89508207（传真）］
社　　址	北京市丰台区榴乡路88号石榴中心2号楼1701
	邮编：100079
印　　刷	廊坊市海涛印刷有限公司

开　　本	710×1000　1/16
字　　数	187千字
印　　张	12
版　　次	2021年6月　北京第一版
印　　次	2021年6月　第一次印刷
定　　价	65.00元

目 录
CONTENTS ■■■

学生创造力对校园文化建设的影响
及实施策略研究

中学生正处于创造力快速发展的重要时期，由于当前的中学教育缺乏对学生创造力的开发，导致中学生普遍缺乏创造热情、创造欲望与创造能力，这与求新、求异、求变、勇于开拓的时代精神不相适应。在校园文化中发挥学生的创造力的作用，不仅对校园文化建设起促进作用，同时也会进一步发展学生的智力，促进学生创造能力的提高。

一、学生的创造力与校园文化建设

（一）创造力

创造力是指产生新思想、发现和创造新事物的能力。它是成功地完成某种创造性活动所必需的心理品质。例如创造新概念、新理论，更新技术，发明新设备、新方法，创作新作品都是创造力的表现。

（二）影响学生创造力的因素

1.知　识

包括吸收知识的能力、记忆知识的能力和理解知识的能力。知识是创造力的基础。任何创造都离不开知识，知识丰富有利于更多更好地提出创造性设想，对设想进行科学的分析、鉴别与简化、调整、修正，并有利于创造方案的实施与检验，而且有利于克服自卑心理，增强自信心，这是创造力的重要内容。

2.智　力

智能是智力和多种能力的综合，既包括敏锐、独特的观察力，高度集中的注意力，高效持久的记忆力和灵活自如的操作力，也包括创造性思维能力，还包括掌握和运用创造原理、技巧和方法的能力等。这是构成创造力的重要部分。

3.人　格

包括意志、情操等方面的内容。它是在一个人生理素质的基础上，在一定的社会历史条件下，通过社会实践活动形成和发展起来的，是创造活动中所表现出来的创造素质。优良的个性品质对创造极为重要，是构成创造力的又一重要部分。如：永不满足的进取心、强烈的求知欲、坚韧顽强的意志、积极主动的独立思考精神等是发挥创造力的重要条件和保证。

总之，知识、智能和优良个性品质是创造力构成的基本要素，它们相互作用、相互影响，决定创造力的水平。

（三）学生创造力的来源及培养重点

在学校教育中，作为教育者，要按照构成创造能力的要素，有意识地培养学生的创造意识，通过多种方法和多种模式，激发学生的创造动机。为学生知识、智力的发展提供平台，塑造学生勇于创新的个性品质，尤其重点培养学生的领导力、策划能力、设计能力。

（四）学生创造力对校园文化建设的积极作用

1.校园文化活动

校园文化活动是指学校在课堂教学任务之外的有目的、有计划、有组织地面向学生开展的各种文化教育活动，它是以学生为主体，以课外活动为主要形

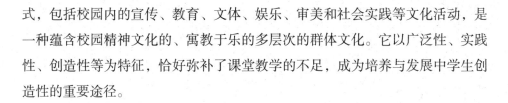

式，包括校园内的宣传、教育、文体、娱乐、审美和社会实践等文化活动，是一种蕴含校园精神文化的、寓教于乐的多层次的群体文化。它以广泛性、实践性、创造性等为特征，恰好弥补了课堂教学的不足，成为培养与发展中学生创造性的重要途径。

2.学生创造力对校园文化的积极作用

在校园文化活动中，学生的创造力得到了发展和提高。反过来，学生的创造力需要进一步检验和再提高。这就需要有检验学生创造力的活动载体和物质载体，校园文化活动就是反过来检验学生创造力的重要活动形式。

二、学生创造力的培养、开发和挖掘

（一）充分发挥学生社团的作用

社团活动是培养学生社会实践能力和创新精神的重要阵地，学生可以根据自己的兴趣和爱好，选择自己喜爱的社团，使自己的个性得到张扬，满足学生多样化发展的需求。在社团建设实践中，我们充分发挥学生社团的作用，成立了发明与创新协会、头脑奥林匹克协会、信息技术创新协会等众多发明创新团队。每周二下午定期开展活动，深受同学们的喜爱和欢迎，并取得了一定的成果。

近两年，我校先后组织了"A4纸叠高""报纸托杠铃"和"走进黄河湿地"课题研究，以及"我爱发明创新大赛""头脑奥林匹克创新大赛"等一系列活动，激发了同学们的创新欲望，拓宽了同学们的视野。

（二）学科教师在教学中善于激发学生的创造力

在学科教学中积极挖掘创新教育的因素，不断渗透创新的思想，激发和调动学生的创新热情，是推进创新教育不断向前发展的不竭动力。要使创新教育取得理想效果，就应重视创新教育与课堂教学的融合，在学科教学中渗透创新教育的思想，充分发挥学科优势，使各学科知识充分与科学、技术和生活相结合。

教师要培养和强化学生学习学科知识的兴趣和动机，为学生的发展营造一个宽松的创新环境，引导学生奠定广泛深厚的科学知识基础，培育学生的创新性心理素质，提高学生的创新性思维能力，丰富学生的想象力，培养学生具有博大、知识的人文精神。

（三）研究性学习对学生创造力的培养

在研究性学习活动课程实施过程中，学生通过亲身参与研究探索，形成了善于质疑、乐于探究、努力求知的积极态度和情感。培养学生初步具备了自主发现和提出问题，收集、分析和利用信息以及解决问题等多方面的探究能力。在研究性学习过程中，使学生学会交流和分享研究的信息、创意及成果，发展乐于合作的团队精神和合作技能。同时还培养了学生严谨求实的科学态度，不断追求的进取精神，不怕吃苦、勇于克服困难的意志品质以及追求真理的科学道德。

目前我们学校的研究性学习课程已经做到了配备有专职教师，列入课程计划和课表，学生学习有专用教材。新课改以来，我校学生研究专题达到了150多个，研究性学习成果论文2000多个，设计项目300多个。研究活动获得国家、省、市表彰项目300多人次。学校荣获全国中小学知识产权试点学校、创客教育示范学校、研究性学习先进学校等多项荣誉。

三、在校园文化建设中，采取多种途径展示学生的创造才能

（一）通过科技节、艺术节、舞蹈节来展现学生的创造力

学生创造力培养的途径很多，如开设科技创新教育课程、科技创新小制作、废物利用创新制作、艺术创新绘画等，甚至各学科教学中也可渗透创造力的培养。

一年一度的校园科技节汇聚了全校同学创造力的智慧，学校应该充分利用科技节来激发全体学生的创新能力，尤其是多元化的科技文化艺术节作品的展示更能激发学生的创造力，12中的探索历程可能对大家有所启发。科技节是搭建展示学生科技创新成果的舞台，对繁荣学校的校园文化，展现学生的创造

力、鉴赏力、表现力都是至关重要的。

为了使学生干部发挥自己的创造思维潜质,学校团组织要求学生干部根据自己工作范围,结合团委工作思路,自己创设活动方案,充分调动学生干部的积极性,使团的工作蓬蓬勃勃地开展起来:各类优秀学生的事迹报告会,强化了学生的自我教育,培养了他们自主、自强、自信的创造个性品质;《阳光校园》校刊办刊思路拓宽,完善了编辑部组织机构;文学社的成立和开展活动培养了学生创造精神。演讲赛、主持人大赛、手抄报展示评比等活动,是在团委创设的竞争与合作的工作氛围中完成的,在提高学生的创造性思维上起了极好的作用。

(二)校园硬件重大项目中,发挥学生创造力的作用

在学校硬件建设中,一个良好的设计方案能体现出学校的办学特色和良好的育人环境,对学校未来的发展会带来积极的推动作用。如:建一座大楼,建设校门,学校在应用的实用性、未来的可扩展性。如果发挥学生的作用,在设计中吸收学生的创新元素,如对一草一木的爱护标牌的制作,可以在学生中征集方案,让学生充分参与到设计中活动中,积极建言献策,无形中会产生集体荣誉感和热爱学校、奋发向上的学习动力,对学生的成长有不可低估的重要作用。

(三)学校集体活动的策划,发挥学生的作用

在大型集体活动中,让学生自己制作活动方案,参与学校活动的组织和最优方案的设计,也是培养学生创造力的重要途径。学校定期举办的班、团会活动中,学生通过设计方案,预设目标,主动参与,就会在思想上重视班集体的存在;在行动上,通过积极参加学校各项集体活动,把主题思想落实到每个活动中去。

(四)学校规章制度、精神文明的发展,发挥学生的作用

学校的规章制度很多方面是对学生的行为进行科学管理而制定的。我们认

为，管理制度要起到良好的作用，在不违反大原则的情况下，认真倾听学生的意见和建议，随着社会的发展适时进行补充完善和修改，是非常必要的。

在学校校园文化活动中，要想有效地发挥学生创造力的作用，就必须建立健全中学生创新工作领导机构，由学校分管领导牵头，团委具体负责组织，教科室、学生会、教务处等部门为成员单位，全面指导学校创新素质教育工作，才能够有效地发挥学生的创造力在校园文化建设中的重要作用。

参考文献

［1］李于雄．和谐校园文化建设与大学生科技创新能力的培养．福建农林大学学报．

［2］黄勇刚．中学生创造力的培养．少年智力开发报·课改论坛，2012年第36期．

［3］王定华．走进美国教育［M］．北京：人民教育出版社，2004．

［4］赫冀成．教学科研融合构建创新型人才培养体系［J］．中国高等教育，2005，（20）．

［5］周济．注重培养创新人才增强高水平大学创新能力［J］．中国高等教育，2006，（15/16）．

综合实践活动评价策略研究
——基于郑州市第十二中学的个案研究

郑州市第十二中学　张红勋

自综合实践活动进入学校课程领域以来，综合实践活动的课程建设经历了从课程内容开发研究到有效实施策略探讨，以及对综合实践活动方法论教学研究等艰辛的历程。从起步阶段的国家实验区试行到目前在学校广泛实施，综合实践活动课程走向常态实施和有效实施，成为全国广大综合实践活动课程建设者们关注的焦点问题。其课程评价对当前科学高效地实施综合实践活动课程，实现《综合实践活动课程指导纲要》（试行）规定的课程总目标，是一个重要而艰巨的系统性研究工程。科学、合理、及时的评价一直是综合实践活动的关键所在，对综合实践活动的推进和深化起着导向和激励的作用。

一、综合实践活动评价理念

评价是课程、教学的一个有机环节，是保证综合实践活动顺利开展的重要手段。要提升综合实践活动课程的有效实施水平，建构学生、教师、学校的评价机制至关重要。

2008年秋季，郑州市第十二中学推行新课改以来，认真领会和贯彻《国家基础教育课程改革纲要》有关评价方面的精神，以问题提出能力、课题活动主题计划能力、问题解决能力、情报或信息收集与处理能力、主体性参与程度、表现能力以及其他基本学力为重要参考指标，积极探索发展性评价在提升学生的情感、意志、兴趣、习惯以及价值观等方面的有效途径。

（一）坚持发展性

一般不通过量化手段对学生进行分等划类的评价方式，主张采用"自我参照"标准，引导学生对自己在综合实践活动中的各种表现进行"自我反思性评价"，强调师生之间、学生同伴之间对彼此的个性化的表现进行评定和鉴赏。经过三年多的探索，得出了课程评价是为了学生的发展服务，而不是学生的发展为评价的需要服务的结论，并且在综合实践活动的评价环节中推广。

（二）坚持整体观

在综合实践活动评价中把课程、教学和评价进行整合，使它们融合为一个有机整体，贯彻到活动中去。一方面，将学生在综合实践活动中的各种表现和活动成果，如研究报告、模型、主题演讲等作为评价他们学习情况的依据；另一方面，注重把评价作为师生共同学习的机会，提供对课程完善有用的信息，实践于教学。此外，在评价方法的选择运用上我们也按照整体观的科学方法，采用定量评价与定性评价相结合，保证了评价内容的全面性和综合性。在研究性学习、社会实践与社区服务等综合活动领域更多地采用了档案袋评定、研讨式评价、学生自我评价等利于学生发展的评价方式，对课程与教学以及学生的表现进行了全面、深入的评价，起到了一定的积极作用。

（三）坚持评价多元性

对学生的各种活动方式既给予充分的肯定，又允许学生对问题的解决可以有不同的方案，而且提倡学生用多种形式呈现自己的学习结果。倡导参与评价的人员尽量使用学生能理解的语言描述学生的表现，避免将评价简化为分数或等级。

对于学生评价而言，学校提出学生本人、教师、家长、同学、校内外人士都可以成为评价者。这些不同主体、不同角度的评价更有利于提供丰富的评价信息，更有利于被评价者的进步和课程的有效实施。同时，在综合实践活动课程的评价过程中，应重视学生的自我反思性评价，通过学生的自我反思评价提

高他们辨别是非的能力和自我教育的能力。

（四）坚持动态的、过程性评价

综合实践活动是一种综合性、实践性强，关注学生生活经验和亲身经历的课程形态。它有别于学科课程注重知识的逻辑呈现与教学，而是不局限于课程教学，更多地注重学生的实践和活动，如拓展学习时空，让学生走入自然、走向社会。基于此理念，在综合实践活动课程评价中，学校重视学生活动过程的评价，对学生进行评定时，将学生在活动过程中的表现以及他们如何解决问题的过程作为重要的评价依据。

二、综合实践活动的评价方式

经过三年来的摸索，我们通过对完整、规范地参与活动的学生给予基本的活动积分来重视学生的参与过程；通过"评价等第"的不同，来区分活动质量的不同；通过把优秀活动成果同研究性学习对接，鼓励学生进一步深入开展研究活动；通过活动前、后对学生进行问卷调查、座谈来了解学生对活动的感受，来了解活动产生的教育效果。由于综合实践活动内容丰富多样，我们对研究性学习、社会实践和社区服务分别采取了不同的评价手段。

（一）研究性学习成果的评价

1.评价的依据和方式

我们要求每个研究性学习小组都有一个专用纸质档案袋，从问题的形成到最后成果完成，每一步骤都建立完整的研究档案，作为评价的重要依据。根据研究性学习的进度，我们制定相应的考察量表，采取自我评价、小组评价、教师评价的方式，对学生的各项活动内容进行记录评比，并作为对学生给予学分的依据。

2.学生个体评价

在评价学生的研究性学习时，主要抓住几个关键点。比如说：是否参与课题研究小组，在小组中承担了什么任务，是否按照有关要求开展课题研究；交流时发言是否积极，研究性学习结束后，是否上交研究性学习的体会和总结。先由本人自评，再由小组成员之间互评，其结果均按照一定的比例计入学分。

3.小组整体评价

对于小组评价，学校一般按照研究性学习的流程进行评价。如选题评价、研究效率评价、团队合作评价、结题汇报评价等。制定一系列量表，按照一步一个脚印的方法，让学生把整个的研究过程记录在册。（附结题展示评价量表）

4.评价结果呈现形式

对于学生的研究性学习的评价结果，我们一般先进行等级认定然后进行学分评价。根据整个研究性学习的记录和考评，由指导老师写出评语，征求研究小组的意见，将研究成果分为优秀、合格、不合格三个等级。在此基础上，对于优秀和合格的小组，给予学分，并对优秀者进行表彰。对于不合格的小组，进行重新补充材料并研究，直到研究成果达到合格为止。

（二）社会实践和社区服务

1.分层评价

学生参加活动只是一个过程，如何将过程通过评价深化呢？我们将评价进行了分层：能全程参加活动的学生，将获得基本的积分；如果学生能根据活动，提出一些值得探索的课题，将获得一定的附加积分；如果学生能就某个课题进一步地开展一些探究活动，提供课题报告，将获得更多的附加积分，同时其课题报告将作为研究性学习的内容给予评价。这样一来，既保证了能力弱的学生能通过参加活动获得学分，也让能力强的学生的情感价值观得到进一步的

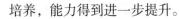

培养，能力得到进一步提升。

2.重视交流

我们不仅按方案对学生参加活动认真审定与评价，还对那些获得评价等第为优秀的活动者进行不同层次奖励。每次活动后，要开展主题班会、班级网页、墙报展览、校报广播、专题汇报等多种形式的交流活动，展示活动的经历、收获、感受或体会等内容的文章、照片等。通过评价和交流，使那些被评为"优秀"的学生得到尊重，从而激励更多学生积极开展社会实践与社区服务。

（三）评价主体及采用的方式

1.教师个体评价及教师小组评价

教师作为综合实践活动的组织者和指导者，在综合实践活动评价中，是评价主导力量。老师评价是否客观真实，对调动学生下一阶段活动的积极性起着至关重要的作用。因此，在评价过程中，必须发挥教师个体以及教师小组在评价中的作用。

在研究性学习的课堂上和综合实践活动开展过程中，我们采用教师观察的方式对学生在活动的整个过程进行观察、记录和评价。教师对课堂小组行为的观察主要是小组的学习风气、学习态度、学习方法和学习能力等。为了使教师观察更加客观有效，我们认为，教师观察前要做到以下几点：

① 建立个体观察评价量表

观察评价量表怎么设计？包含什么内容？呈现形式是什么？教师完成观察评价量表遵循的程序是什么？观察评价量表是否反馈给学生？什么样的反馈形式较适合？这些问题都需要解决。观察评价量表的设计内容主要是关于学生的学习过程与方法、学习能力、学习态度与情感等方面的内容。观察评价量表的设计形式是：按学生姓名（竖列）和观察项目（横列）两类进行配置。教师在完成各项活动的指导任务后立即填写观察评价量表，评语使用"十分积极""积极""比较积极""消极""很大进步""进步""退步"等现象描述性评价用语或学生个体自身的纵向比较评价用语。表格可在活动结束时当堂完成或课后完成。教师完成的观察评价量表中的信息应反馈给学生。

② 撰写个体的观察评价后记

教师不可能也没有必要在每个活动结束后写出每个学生的观察后记。但是，教师可以把一次综合实践活动观察到的、认为有很大价值的材料记下来。现在，许多学校统一要求教师在每一节课都要写教学后记。活动后记写什么？我们认为，综合实践活动后记撰写的核心或最重要的内容就是观察评价后记。在学期或学年结束时，教师可以依据这些观察评价后记资料，制作学期或学年每个学生的学科学习成长记录。这种学科学习成长记录将成为学生学期或学年学习总评价的重要组成部分。

③ 针对典型的个案研究

针对典型个案（如特别积极或特别消极等），教师应进行持续深入的观察，并了解其家庭与社会教育背景，然后进行研究，积极追寻某种有价值的教育经验和某种典型教育问题的解决路径。这样的个案研究很有价值和意义，值得教育者去做。在现实中，作为综合实践活动的专职老师，我们就遇到了一些研究性学习做得好的、有创新性研究的学生，我们最终就挑选这些学生参加了学校的发明社团，进一步培养，这些学生在小制作、小发明、小创造中确实起到了很好的带头作用。

④ 教师利用观察来实现对综合实践活动的有效控制

在活动时，教师对学生观察的目的是为了促使每一个学生主体积极融入综合实践活动的进程。有时，学生走神或是漫不经心，教师发现后，一句善意的提醒，一个眼神，轻轻的一个动作，就会引导学生。而这一切都使统一在整个活动中的每一个学生都会感受到来自教师的关注，学生的投入立即会得到教师的首肯，教师会用眼神、动作、语言等各种方式对学生进行认可或激励。每一位学生都在与教师进行心灵的交流和对话，学生在活动中的不好表现也将会因为教师的善意提醒而立即得到改善的机会。

2.学生自我评价和互评

在评价过程中，自我评价和互评也是很重要的评价方式。我们认为，学生的评价也是一种能力，在实际组织评价过程中，我们发现：在刚开始自我评价时或互评时，只会说缺点，不会说优点。自评时学生不好意思说自己的优点，特别是所谓的后进生。互评时他们又嫉妒别人比自己做得好，特别是优生，他们只会说别人的缺点，而不会肯定别人的优点。作为教师，我们指导学生如何高效地自评和互评，教给学生自评和互评的一般方法和步骤，既要点出别人的优点和长处，又要指出他们的缺点与不足，特别是，能够给人提出一些建议和改进的思路。

这种方式主要在综合实践活动阶段性总结时，由辅导老师组织实施。可以通过组织活动作品，如对学生作品的鉴赏与分析、演讲答辩等方式进行。

3.校外人员及专家评价

在社会实践活动中，学生将走出校园，走向社区和街道，到一些活动场所开展活动，校外人员的观察和评价就起到了一定的作用。一般我们在活动结束时，需要活动场所的负责人对学生的整体活动有一个综合的直观评价，充分发挥服务对象在活动评价中的功能。

另外，在结题汇报时，为了科学论证学生的研究成果，对于创新性比较强的成果，学校应该邀请和学生研究领域有关的专家学者到校给予指导和点评，为进一步开展高质量的综合实践活动指明方向。对于这种评价方式，我们一般采用小组答辩的方式进行，这样既可以使学生充分阐述自己的观点，得到专家的指点，又能找到自己的不足和努力的方向。

三、综合实践活动的评价内容及量表

（一）评价目标体系

综合实践活动课程目标包括知识与技能、过程与方法、情感态度与价值观三个维度。由于综合实践活动强调学生亲身经历实践学习的过程，所以学生在实践中"过程与方法""情感态度与价值观"目标应该是核心目标。在实际操作中，我们按照行为目标的基本要素，比如：收集、分析和处理信息方法、问题提出和解决方案、实施计划的能力、参与意识、服务意识、合作意识、环保意识、效率意识、安全意识、科学精神、创新精神，确立学生活动评价指标。

为了构建科学、合理的目标体系，为尽量客观、全面地评价学生综合实践活动打下坚实的基础，郑州十二中按照综合实践活动的基本要求，根据学生的实际情况，按照层次性将评价目标细化为普及性培养目标、发展性培养目标、特长性培养目标，推动综合实践活动向常态化、制度化、规范化的方向发展。

1.普及性培养目标

评价学生是否具备"有目的地去选择材料（包括运用网上资源）——分析、归纳、重组材料——形成专题总结、各类材料汇编或专题综述——针对材料提出自我的评价和启示"的能力，进而具备能对他人的评价做出评价的能力，并在评价中具有某些新的思想观点或建议，初步具备对不同的评价进行分析，做出能体现自我体验与观点的评判，从中体现批判性思维能力和深化性思辨能力。

2.发展性培养目标

评价学生是否通过实践与探研，了解并学会了科学的资料收集方法，课题调研方法，分析、总结、思辨的办法，评价方法，协作方法，管理方法，以及创新发展的方法，是否具备了良好的科学素养基础。

3.特长性发展目标

对少数有研究特长的学生，以创新实验室为基地，通过专门指导的方式，聘请本校学有所长的教师或校外专家进行研究性指导与培养，为他们提供定向发展的优越条件，评价他们是否在某些知识和能力方面显著超出一般同龄人，是否具有创新意识和团结合作的精神。

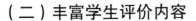

（二）丰富学生评价内容

在评价目标的指引下，有效的评价必须建立在丰富的评价内容基础上。学校对学生评价的内容越具体，过程性越明显，学生在活动不同阶段参与的积极性就越高。

1.活动态度评价

学生在综合实践活动中的主动性和积极性，可以通过学生参与综合实践活动的时间、次数、认真程度、行为表现等方面来评价。如，学生是否认真参加每一次主题活动、主动提出设想和建议、认真观察思考问题、积极动手动脑、认真查找相关资料、准时完成学习计划、不怕困难、坚持完成任务等。

2.合作精神评价

主要对学生在参与小组及班级活动中的合作态度和行为表现进行评价。如学生是否积极参与小组活动，主动帮助别人和寻求别人的帮助，认真倾听同学的意见，乐于和别人一起分享成果，在小组中主动发挥自己的作用等。

3.探究能力评价

可以通过对学生在提出问题、解决问题过程中的表现及其对探究结果的表达来评价。如学生是否敢于提出问题，以独特和新颖的方式着手解决问题和表达自己的学习结果，是否善于观察记录、能够综合运用相关资料、积极采用多种多样的方法、生动形象地表达自己的学习过程与结果等等。

4.社会实践、交往能力评价

可通过学生与他人交往的能力，与人沟通、合作的技巧、愿望，各种关系的协调能力等方面进行评价。

5.收集、处理信息能力的评价

可通过学生收集信息的多少、方法、途径、真实性以及对信息的辨别反思、反应能力等来评价。

（三）评价具体项目

在评价目标指引下，结合评价内容，郑州十二中设立了各种奖项，采用分阶段连锁评比的方式，调动学生参加评比展示的积极性，将评价变得更加人性化，由于评价过程合理，评价结果真实客观，做到了使学生口服心服，不断产生超越自我的积极心态。

1.最佳组合小组

在研究性学习活动之初，一般的学校都要进行小组合作研究。郑州十二中让学生自由分组，填写相关表格，每个小组成员进行介绍，说出加入小组的理由，共同制定小组的奋斗目标。尽管是短短一节课，同学们相互了解，相互信任，推选了组长。我们就根据各小组的情况，评出"最佳组合小组"。

2.最具创意小组

为了调动同学们提出问题的积极性，培养学生的观察能力和提出课题的能力，我们要求每一个小组的每一名成员分别提出一个课题，然后，由每一个小组推选一个课题，参与班级"最具创意课题"的角逐。为了找到一个好的研究课题，同学主动找老师，查资料，想办法，使出了浑身解数，对同学们提出问题能力和质疑习惯的培养，起到了非常大的推动作用。

3.最佳开题小组

课题确定以后，为了实施研究计划，学生需要填写开题报告表，在表中要初步填写课题提出的背景，通过研究达到的目的，以及为了搞好研究，小组成员如何分工。在这一阶段，评比出"最佳开题小组"。我们根据学生开题报告的填写和开题报告的汇报，对学生的计划能力做出客观的评价。

4.资料整理规范组

开题报告以后，学生进入了实质性的研究阶段，有的搞实验，有的制定问卷调查，有的访问专家学者，有的访问社区居民，为自己的研究准备充足的资料。为了让学生实实在在地研究，做到引用有据，观察有感，调查有数，参考

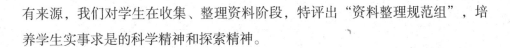

有来源，我们对学生在收集、整理资料阶段，特评出"资料整理规范组"，培养学生实事求是的科学精神和探索精神。

5.中期汇报先进组

研究性学习进行了一阶段以后，学生已经掌握了一部分资料，也可能存在一些问题，为了更好地为结题做准备，我们在学期中点有一次中期汇报会，每个小组由组长或者成员汇报目前的研究进展，存在的问题以及下一步的努力方向，按照每个组的汇报情况，分别评出"中期汇报先进组"，鼓励学生完善资料，勇于查找问题和不足，培养认真细致的良好习惯和研究规划能力。

6.结题展示优秀组

学期最后的一节课，为了展现同学们一个学期的研究成果，我们组织汇报展示会，让同学们将自己组的研究成果，通过幻灯片、模型，演讲、表演等多种形式进行展示，我们组织有关老师和学生组长参与评比，最终评出"结题展示优秀组"。

7.优秀研究组

小组能确定并探究自己选择的话题、主题和问题，能从媒体、参考资料和科技资料中查找，选择和选用相关的信息，并形成本小组的规范的研究报告，经过指导老师推荐，小组自评，综合前期的各项评比，将评出班级优秀研究性学习小组、年级优秀研究性学习小组和学校优秀研究性学习小组，按等级进行表彰和奖励，并向全校师生进行汇报展示，将优秀的研究成果汇集成册。

8.沟通活力组

在综合实践活动中，学生经常会调查或访谈老师、学生和社区居民，甚至专家学者，这对学生的交往能力和沟通能力是一个锻炼和考验。在调查研究的过程中，不同的小组、不同的学生表现出来的沟通交流能力也不同，所收到的具体效果也不一样，我们根据学生的表现和被访谈对象的反馈情况，结合学生课题的完成情况，在综合实践活动中设立"沟通活力组"的奖项，以促进学生交往和沟通能力的提高。

9.最佳参与奖

研究性学习结束了，每个学生都有一定的体会和感受，有调查时的酸甜苦辣，也有成功的喜悦，我们对每一个学生的研究体会，进行评比展示，评出最佳参与奖。

10.创新大赛成就奖

最近几年来，国家重视青少年创新能力的培养，各部门相继推出了各种青少年科技创新大赛，这对我们研究性学习的开展有一个巨大的促进作用。在我校的研究性学习评比中，对于有一定价值且影响比较大的课题，在老师的指导下，充分论证，将推荐参加全国研究性学习的各项赛事，若达到知识产权保护的标准，我们将组织学生参加专利申请工作，并在资金上给予资助。凡被推荐参加比赛的课题，评为"创新大赛成就奖"，能获奖的，学校另行表彰和奖励。

（四）设计学生评价量表

在综合实践活动评价中，合理利用评价量表，对学生的研究能力、情感态度及活动效果进行综合性评价，既能保存到一定的原始资料，又为科学评价提供了依据，在过程性评价和发展性评价中，有着不可低估的作用。以下是我校的部分评价量表，在研究性学习评价中，发挥了重要的作用。

综合实践活动综合评价行为观察量表

态　度	行　　为	行为观察	
		日　期	评　语
好奇心	注意和关心新事物、新情况		
	通过对细节的认真观察表现出具有学习兴趣		
	提出问题		
	利用现象或资料发现新的或不同寻常的情况		
尊重事实	寻找事实证据以回答问题		
	检验与其他现象不相符合的证据		
	挑战没有充分证据的结论或解释		
尝试应用知识解决问题	能够寻找帮助问题解决的知识		
	借助知识在问题情境中指导探究		
	用可获得的知识进行解释和解决问题		
乐于批判性地评价各种观点	当有充足的证据时，改变已有观点		
	将其他各种观点与自己的观察相比较		
	乐于检验自己研究中存在的正面和负面的问题		
	寻找各种观点而不仅停留在最初的观点上		
	意识到改变已有观点是必要的		
与人合作	自如地与其他学生讨论与主题相关的观点		
	尊重小组其他同学		
	与小组讨论各种观点		
	在探究小组中承担一定的角色并完成任务		
	在研究和学习中帮助其他人		

郑州十二中研究性学习小组建立登记表
年　　月　　日

学科类别		研究类别	
指导老师		班　级	
成员信息			
姓　名	特长与爱好	联系方式	班内职务
组　长			

课题生成记录
年　　月　　日

组员姓名	初选课题	选择或淘汰的理由
本组最终研究课题		
导师意见		

郑州市第十二中学研究性学习开题报告

课题题目		主导课程	
指导老师		班　级	

简要背景说明（课题是如何提出来的）：

课题的目的意义：

研究活动计划		
任务分工	姓　名	承担任务

	阶　段 序　号	时间（周）	主要任务	阶段目标
活动步骤				

计划访问对象	

活动所需条件	

预期成果（论文、制作模型或实物、实验报告）：	

研究性学习课题正文框架结构表

序　号	姓　名	提出的框架结构
最终确定的正文主要内容结构		

　　备注：该表是学生研究课题的构思和框架结构，学生经过研究后，至少写到二级标题

郑州市第十二中学研究性学习中期汇报表

课题名称	
组　　长	
成　　员	分担任务完成情况
已经收集到的资料	
完成进度	
目前存在的问题	
下一步计划	

研究性学习小组成员研究体会表

姓　　名		承担任务	
研究性学习的体会与感悟			

研究性学习小组组长总结表

姓　名		承担任务	
研 究 性 学 习 的 总 结			

郑州十二中研究性学习活动结题报告展示评价表

届别　　　班级　　　班主任

课题名称		课题组长	
1.成果评价	等第：A（10–9分）　B（8–7分）　C（6–5分）　D（5分以下）		
选题的科学性		人员分工明确性	
目标的明确性		研究成果的实用性	
研究成果的科学性		研究成果的影响度	
研究成果的创新性		研究成果的影响度	
2.成果陈述评价	等第：A（10–9分）　B（8–7分）　C（6–5分）　D（5分以下）		
成果表达的准确			
语言的流畅		时间的把握	
成员的精神状态		技术的运用	
3.答辩评价	等第：A（10–9分）　B（8–7分）　C（6–5分）　D（5分以下）		
应答的能力			
答案的准确性		时间的运用	
总评分			
4.综合评审	以下由评委看材料后综合评价		
材料是否齐			
指导老师是否负责			
评审组终评			

（五）学生成长记录册及教师评语评价在综合实践活动中的实施

为了记录学生的成长过程，学校推行了成长记录册管理法，综合实践活动的记录是一项必不可少的内容。为了发挥成长记录册在综合实践活动评价中的作用，学校对成长记录册的填写和管理做了具体要求：

1.《成长记录册》组织与管理

记载《成长记录册》工作由班主任牵头管理，学生《成长记录册》的记载工作由政教处具体负责，教务处及其他部门协作开展。每学期分若干次由班主任组织有关教师对有关的栏目做出评价并记载，定期发给学生、家长交流后，仍交班主任保管。学期结束时，由班主任牵头，请有关教师做出学期的总结性评价并记载。《记录册》的内容作为对学生评价的依据之一。

2.成长记录册对综合实践活动课程评价的要求

① 研究性学习评价

在"值得记载的学习成果"一栏，由学生自己记录，要从个性化的能力表现、特别的体验等方面，用概括性的文字表述。

② 社会实践和社区服务评价

"收获与启示"由学生从能力、表现、实践、体验等方面进行自我评价。

③ 探究型课程学习评价

"收获与启示"由学生自己填写，要从探究过程中的态度、合作能力、能力的个性化表现、体验与感悟等方面去关注。"老师的话"从学生的活动态度、能力和技能水平等方面，发现学生在学习中的进步和努力，提出进一步提高的建议。

④ "自己的话"要求学生记录在活动过程中的特别收获、特别的体验等情况，以及在学习能力上做出自我评价

要用概括性的文字表述。

⑤ "同学的话"由小组里有关成员填写，要求在自评基础上进行小组互评，并形成评价意见

强调关注他人的优点和发展。要用概括性的文字表述。

3.教师评语在综合实践活动评价中的实施

为了发挥评语在评价中的重要作用，学校对指导教师在书写评语时提出一些具体要求。如教师在完成活动后立即填写观察评价量表，评语要使用具有一定区分度的描述性评价用语或学生个体自身的纵向比较评价用语。表格可在课程结束时当堂完成或课后完成。教师完成的观察评价量表中的信息应反馈给学生，可张贴于班级，典型情况要反馈到个体本身。

（六）在呈现学生评价结果进行反馈时，评语评价和成长记录评价的比较

概括地讲，评价结果的呈现有定性与定量两类方式。在第一学段应以定性描述的方式呈现，在第二学段应以定性和定量相结合的方式呈现，以定性描述为主，在第三学段应以定性与定量相结合的方式呈现。

由于综合实践活动课程的特殊性，我们认为，采用评语评价和成长记录评价相结合的方式比较好一些。当然也不是绝对的，有时定性和定量相结合更好一些。评价时应采用鼓励性语言，以发挥评价的激励作用，让每一位学生体会到只要自己在某个方面付出了努力就能获得公正客观的评价。另外，评价要充分关注学生的个性差异，保护学生的自尊心和自信心。具体来说，评价的呈现方式包括评分或等级、评语、成长记录等。

1.评语评价的优点与不足

评语是用简明的评定性语言叙述评定的结果。评语可以补充评分的不足。一个分数或等级所能反映出的信息毕竟是有限的，对于难以用分数或等级反映的问题，可以在评语中反映出来。

评语无固定的模式，但针对性要强。语言力求简明扼要、具体，要避免一

般化。要尽量使用鼓励性的语言客观、全面地描述学生的学习状况，充分肯定学生的进步和发展，同时指出学生在哪些方面具有潜能，哪些方面存在不足，使评语有利于学生树立开展活动的自信心，提高活动的兴趣，明确自己努力的方向，促进学生进一步发展。请看下面的评语："本学期我们学习了收集、整理和表达数据。你通过自己的努力，能收集、记录数据，知道如何利用数据揭示问题的实质，你制作的统计图也是班上最出色的。但你在使用语言解释统计结果时还不够准确。老师相信你通过努力会在这方面做得更好!"在这里，教师的着眼点已从分数或等级转移到了对学生已经掌握了什么内容、获得了哪些进步、具备了什么能力的关注。学生在阅读了这个评语之后，获得更多的是成功的体验和自信心，同时也知道了自己在哪些方面存在着不足，明确了自己今后继续努力的方向。

2.成长记录的优点与不足

评语中虽然也包含了教师对学生成长记录中的成果的评价，但是成长记录作为一种物质化的资料，在显示学生学习成果，尤其是显示关于学生持续进步的信息方面具有不可替代的作用。使用成长记录作为评价结果的呈现方式，具有以下几个优点：

（1）使学生参与评价，成为评价过程的一部分；

（2）使学生、家长和教师形成对学生进步的新看法；

（3）促进教师对表现性评价的重视；

（4）便于向家长展示,给家长提供全面、具体的关于孩子学习状况的证据；

（5）将重点集中在重要的表现活动上；

（6）有助于确定开展综合实践活动需要改进的方面；

（7）提供诊断用的特殊作品或成果，为实施因材施教提供重要依据；

（8）汇编累积起来的学生参与的证据和看法，全面了解学生参加活动的过程。

3.优化、组合评价的作用

通过"分数或等级 + 评语 + 成长记录"的方法，教师所提供的关于学生综合实践活动情况的评价就会更客观、更丰富，使教师、学生、家长三方都能更全面地了解学生参加综合实践活动的心路历程，同时也有助于激励学生的学习和改进教师的教学。教师要善于利用评价所提供的大量信息，诊断学生的困难，同时分析与反思自己的指导行为，适时调整和改善活动过程。

（七）对综合实践活动课程教师评价的实施策略

教师评价是综合实践活动课程评价体系的一部分。由于教师评价与教师的专业发展有着密切的联系，所以在综合实践活动课程建设中，教师评价备受关注。

1.教师的评价对教师专业发展的积极作用

教师的评价能够使其对活动中存在的问题进行分析和提示，找到症结所在，进而提出改进和补救的建议，提高综合实践活动的效率；适当的教师评价能让教师了解自身发展存在的优势和不足，从而调整自己的教育或学习行为；教师评价可以让教师在正确认识自己优势和不足的基础上，从正反两个方面受到激励，增强发展的积极性和主动性；综合实践活动中，教师评价资料的收集还能让我们清晰地看到教师在这门课程中专业化发展的痕迹，使综合实践活动课程成为师生共同发展的舞台。因此，教师评价对教师的专业化发展是有很大的促进作用的。由于综合实践活动课程生成性的特点，课程的发展很大程度上取决于教师专业素质的不断提高与发展，所以我们所倡导的教师评价也应该是发展性教师评价。

2.综合实践活动教师评价的基本范畴

（1）对教师实施综合实践活动课程基本专业素质的评价

综合实践活动课程作为本次课程改革中出现的新课程，它同样需要教师专业人格即个人的专业品质作为支撑。综合实践活动中，教师不仅有实施课程的责任，更承担着开发课程的使命，所以它需要教师投入更多的热情和创造力，要有成为研究型、学者型教师的志向，要具备导师的素养，对学生的未来发展

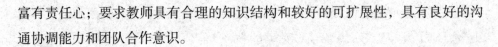
富有责任心；要求教师具有合理的知识结构和较好的可扩展性，具有良好的沟通协调能力和团队合作意识。

（2）对教师设计、规划主题活动能力的评价

设计规划能力指的是教师在教学前根据学生对象的特点，对教学内容进行组织与加工，并选择适当的教学方法以取得最佳教学效果的能力。这里包括活动主题内容的选择能力，制定恰当的教学目标的技能，设计与制订方案的能力和预测教学情境变化的能力等等。

（3）对教师在主题活动中组织指导协调能力的评价

在综合实践活动中，教师是以导师的身份出现的。由于综合实践活动课程强调学生的亲力亲为，强调学生在过程中的亲身体验，所以，对学生的自主活动，教师不能越俎代庖，但这绝不意味着放任自流，而是教师有意识地积极加以适时、适度的引导。组织协调能力成为称职的综合实践活动课程的指导老师的必备技能。

这种能力首先表现为教师具备组织学生依据方案有序开展主题活动的技能。具体包括如何调动学生关注自己的生活的兴趣，如何营造气氛培养学生的问题意识，如何建立学生将生活中的问题转化为综合实践活动课程研究主题的有效的教学机制；在活动主题确立后如何调动学生积极参与到教学活动中来，如何协调小组成员间的分歧，如何采取有效策略应对综合实践活动课程实施中生成性问题等等一系列技能。

（4）对教师评价能力和反思能力的评价

对学生活动效果的测量和评价是教师的一项经常性工作。一个称职的指导教师要具备对活动效果进行测评的能力。包括对学生提出问题的测评、对学生设计方案的测评、对学生活动过程中表现的及时测评以及对学生进行综合评判的技能，教师还要具备设计测评指标、选择测评手段及有效运用测评结果的技能。

综合实践活动作为一门新兴的课程，在还没有形成较为成熟的教学模式的情况下，只有靠教师在教学探索中不断反思自己的教学行为，不断否定自己的同时，不断积累教学经验，才能形成自己的教学特色。这一切都是靠教师对自

己的教学进行经常性的自我回顾和自我总结来完成，也就是我们通常所说的教学反思。

3.教师评价的实施

郑州十二中在评价中，按照学校三年发展规划中对研究性学习、社区服务和社会实践的要求，每三年对综合实践活动教师做一次综合性的评价。在目前综合实践活动课程实施处于起步阶段，学校采用了长期评价和短期评价相结合的方式灵活进行。所采取办法是：由学校领导、老师、学生、家长等多主体共同参与评价。

4.教师评价量表

综合实践活动教师评价量表1

评价内容	行　为	行为观察	
		日　期	评　语
基本专业品质的评价	有成为研究型、学者型教师的志向		
	具备导师的素养，着眼学生的未来发展，富有责任心		
	知识结构合理，具有较好的可扩展性		
	团队合作意识和沟通能力		
主题活动设计规划能力的评价	活动主题内容的选择能力		
	设计和制订方案的能力		
	预测教学情境变化的能力		
主题活动中组织指导协调能力的评价	组织学生依据方案有序地开展主题活动的技能		
	主题活动中，敏感地发现学生在自主实践中出现的问题及需要指导的内容		
	能在适当的时间，采取适当的方式实施指导		

续 表

评价内容	行　为	行为观察	
		日　期	评　语
教师对学生评价能力的评价	对学生提出问题的测评能力		
	对学生设计方案的测评		
	设计测评指标的能力		
	选择测评手段的能力		
	运用测评结果的技能		
在实施课程中反思能力的评价	经常自我回顾和总结		
	不断完善自己的教学理念		
	能不断学习		
	形成教学经验性论文		
	反思内容运用于实践		

教师评价表2

评价主体	评价内容	描述性评价
学生评价	1.你的指导老师是否很热情地指导你们的活动	
	2.你的指导老师是否主动询问过你们的活动	
	3.在活动的过程中，你的指导老师在哪些方面帮助过你	
	4.你想对你的指导老师说些什么	
教师自评	1.你是否对综合实践活动的开展投入了巨大的热情	
	2.为指导学生，你是否学习过与他们的活动主题相关的知识	
	3.在活动开展过程中，你是否与学生家长沟通过	
	4.陈述你所指导的小组活动设计方案及执行情况	
	5.在活动开展过程中，你是否与其他教师开展不定期的讨论	
	6.简单描述一下你对学生的指导中最具创造性的表现	

四、评价管理体系的构建

（一）设置综合实践活动协调组织

由于综合实践活动包括研究性学习、社会实践、社区服务三个部分，学校有必要设立综合实践活动协调专门机构，以便领导综合实践活动的评价，高效地管理各项活动。

成立由校长、教师、课程评价专家、家长、学生共同参与的综合实践活动管理委员会，校长任主任，为综合实践活动提供组织保障和领导保障，其职能是：咨询、把关、审查和提供帮助。委员会下设领导小组。教务处负责安排评价的实施，包括评价方案的制订、教学活动的检查、反馈和评估、交流展示等。年级组负责评价的实施工作，如学生的报名、教学组织的管理等。

郑州十二中在校长的领导下，将综合实践活动的研究性学习交由教务处负责，将社会实践交由政教处负责，将社区服务交由学校团委负责，各司其职，分工合作，共同完成每个年度的课程目标，并领导所在部门相关人员对所负责领域的综合实践活动进行评价。

（二）制定相应的规章制度

1.加强宣传，稳步推进

学校要深入广泛地开展校内、外宣传教育活动，教育广大师生深刻理解综合实践活动课程评价的原则、意义、内容和评价办法，动员师生创造性地开展综合实践活动评价。引导全社会理解、支持综合实践活动，主动争取社会、家长的积极配合，探索建立学校、家庭、社区参与综合实践活动评价的有效机制。教师应主动加强对综合实践活动课程的学习和研究，与学生一道参加社区服务和社会实践，提高对综合实践活动课程的评价能力。

2.多方参与，定期研讨

为了不断总结综合实践活动评价经验和教训，提升评价人员的评价水平，学校定期召开由领导小组成员、专家、教师、学生、家长、社区人员组成的有效评价座谈会。让家长、社会了解和参与综合实践活动的评价，及时总结、调整评价的实施，激发学生参与综合实践活动的热情和积极性。

3.加强培训，挖掘资源

综合实践活动评价的关键在于教师和学生的积极参与，只有提高教师的综合素质，学校才有可能优质高效地对学生进行评价。学校应为教师的多向多维发展创造机遇、搭建平台，定期对教师进行培训，充分调动教师在评价中的积极作用。对教师的培训应立足于综合实践活动课程的实际工作，重点在两个方面：一是对教师进行评价理论的培训，让教师初步掌握课程评价的一些基本原理，明确评价目标、评价内容、评价实施办法等基本原理，为课程评价提供理论依据；二是对教师进行专业知识培训，不断拓宽其知识面，重新构建教师的知识结构，为课程评价的开展提供智力支持。

4.严格管理，表彰先进

学校制定了综合实践活动课程的管理办法，将诚信守纪、团结互助、安全防范、保证效果等作为明确要求。加强综合实践活动课程的过程管理，要求不得以学科综合性学习简单代替综合实践活动课程，不得挤占或减少学时，凡违反课程设置要求的，及时批评并纠正。

加强对综合实践活动课程指导教师的管理，科学合理地计算教师承担综合实践活动课程的工作量。教师承担综合活动课程教学的质量，应作为考核、晋级、评先等的依据之一，对在综合实践活动教学中做出优异成绩的教师要予以表彰。

五、综合实践活动评价的实施过程

综合实践活动的评价无固定的实施模式，也不可能有一个十全十美的方案概括丰富多彩、富有特色的实践活动。但是我们可以按照确定活动目标—设计方案—活动过程—形成成果—活动报告的实施过程顺序，分阶段、分步骤实施评价过程。

（一）综合实践活动实施前的评价

实施前评价指在学生具体进入综合实践活动之前所使用的评价方法或策略，以了解学生的准备状况或兴趣，进行选题和制订活动计划。要求教师与学生共同制定评价目标、评价量表等，要预先让学生知道如何评价。具体可以采用预测、调查问卷、观察、自我评估、提问、开题报告会等多种方法。重点对主题的可行性和创新性、研究计划的合理性等进行选题指导和制订研究计划指导和评价。

关于这一点，我们在前边对教师的评价和对学生的评价准备工作中，都设计有一定的评价量表，按照量表执行就是一种科学的方法，这里不再赘述。

（二）综合实践活动实施过程中的评价

实施过程评价指在学生真正进入综合实践活动的过程中所使用的评价方法或策略，以记录学生活动的过程，提供反馈和调节、积累学生发展和进步的信息，让学生进行自我评估和调节。具体可采用同伴评估、观察、讨论、提问、卡片、文件夹、访谈记录、日记等方式，对综合实践活动开展过程中学生遇到的问题、解决的方法、参与活动的态度和情感体验、学生遇到困难的坚持程度、学生团体合作意识与精神等，予以具体而详细的记录，真实反映学生主动探究和学习的过程，提供反馈从而及时调节。

在这个环节，资料的收集和整理非常重要，无论对老师评价，还是对学生评价，都必须建立在大量详实的资料基础上，才能够客观地评价被评价对象的各项工作。

（三）综合实践活动实施结束后的评价

实施结束评价指在学生整理、加工和表达、交流综合实践活动结果时所使用的评价方法或策略，以总结和展示综合实践活动的结果，确定学生对信息、技巧、概念的理解和应用，分享学生的情感体验，展示学生的个性特点和团体的合作精神。具体可以采用实物展示、情景测试、任务操作、演示、文件夹评审、报告会、答辩会、学生自评、同伴互评等方式对学生综合实践活动结果的科学性、实效性，参与过程的自主性、合作性、创造性等多方面进行展示和综合评价。

这个环节的评价，既是一个综合实践活动的结束，也是下一个活动的开始，总结和反思显得尤为重要。多在这个环节下功夫，对教师专业素养的提高，和学生知识迁移能力的培养，有很大的促进作用。

六、结束语

本文从五个方面论述了综合实践活动的评价问题。

我们认为评价是教育的重要组成部分，开展综合实践活动的评价是为了推动综合实践活动向更高阶段发展。

对于学生的评价领域和构成，我们认为应该是多维度的、复杂的，对学生综合实践活动的评价不是精确的科学，而是学生、评价任务和情境互动后的结果。学生在评价中不是简单地选择ABCD或者复述事实，而是需要组织和融合相应的知识、观点、技能和材料，做出相应的行为表现；在评价中，教师不应该只看到学生参加了几个课题研究或几次服务活动，而应对学生的成就和表现做出尽可能详尽的多侧面的描述。

对于教师，自己根据综合实践活动课程标准，自主开发评价的能力变得越来越重要，教师需要提高自己的评价素养，以便使评价能够贯穿学习过程，不断促进学生健康成长。

对于学校，在综合实践活动课程实施过程中，作为学生评价和教师评价的策划者、实施者、组织者，建立必要的规章制度和评价量表，是保证综合实践活动课程评价科学、高效并健康发展的重要方面。

参考文献

［1］唐丽.如何理解综合实践活动课程评价的基本理念[EB/OL].综合实践活动网.

［2］佘映雪.教师应将对学生学习的整体观察、小组观察和个人观察相结合来评价学生.全国继教网.

［3］郭元祥,沈旎主编.综合实践活动研究与培训资源库.天津教育出版社.

［4］教育部基础教育司组织编写.走进新课程[M],北京师范大学出版社.

［5］崔允漷,王少非,夏雪梅主编.基于标准的学生学业成就评价[M],华东师范大学出版社.

中学开展发明创新教育活动方案

广东省深圳市福田区青少年科技教育协会　覃宝学

[**项目背景**] 国际、国内社会发展急需创新教育，理论研究比较成熟，校长、教师的改革意识比较浓厚，学生的知识储备达到一定水平，我校在"世界的工厂""中国改革开放的窗口"，具有实践基础。

[**活动的基本思路和重点**] ① 以编写教材为起点；② 以课堂教学为阵地；③ 以兴趣活动为平台；④ 以社会调查为渠道；⑤ 以设计发明方案为重点；⑥ 以查新为切入点；⑦ 以制作作品、撰写技术报告为突破点；⑧ 以申请专利为契机；⑨ 以参加相关竞赛为舞台；⑩ 以开展"我是小小发明家""我是知识产权保护的小天使"宣传志愿者团队建设为契机。

[**应用的科学方法、科学原理**] "和田十二法"、"TRIZ理论"（发明问题解决理论）、信息交合论等。

[**创新点**] ① 把貌似高深的发明创新的基本原理和方法，用简单易懂的形式深入浅出地表达出来，让发明创新成为"0门槛"，让发明创新走下神坛；② 全员参与；③ 可操作性强。

[**项目的使用情况**] 石岩公学形成了浓厚的科技创新氛围，全员参与，人人创新。我校先后被评为全国"科技教育示范学校""广东省知识产权教育试点学校"，本人编写、出版了校本教材《发明创造乐园》，100多次应邀到北京等地进行科技教育讲座。学生在创新竞赛中夺得国家、省、市、区奖励300多人次，55项学生发明作品获国家专利。中央电视台、现代教育报、中国科协官方网站等多次对我校科技创新教育做了报道。

[**进一步完善的设想**] ① 发明创新教育活动是一项意义深远而繁杂的教育

工程，需全体教育工作者提高认识、深入研究。②要立足于学生的知识层面和认知层面，紧密结合课堂教学进行。

一、问题背景

每当一年一度的诺贝尔奖颁布时，国人总是对中西教育进行研究比较一番，不管是教育界的专家教授还是凑热闹的门外汉，大家普遍认为，中国的教育是灌输型的，而欧美等发达国家的教育是探究型的，我们必须改革教育方式才能国富民强。可以说，科技创新教育已经成为亿万中国人的一个"情结"。因此，"科教兴国"和"建设创新型国家"成为我国的重要国策。那么，学生的创意源自何处？实践能力怎么培养？能否从小对学生进行发明创新意识的熏陶？能否在中学开展发明创新教育实践活动呢？

1.国际形势

国际知识产权保护壁垒已经严重阻碍了我国的经济、科技发展，据有关报刊统计，我国企业在知识产权方面正面临着"内忧外患"的生存危机。中国企业重大装备和基础软件仍然依靠进口，在加入WTO之后面临知识产权纠纷问题。从DVD、手机、数码相机直到轿车、摩托车、打火机，外国企业动辄向中国企业挥舞知识产权大棒已经不是新鲜的事情。

2.国内形势

（1）2005年，党中央、国务院提出了"建设创新型国家"的宏伟目标。明确指出："在高等学校开设知识产权相关课程，将知识产权教育纳入高校学生素质教育体系。制订并实施全国中学知识产权普及教育计划，将知识产权内容纳入中学教育课程体系。"

（2）《中共中央国务院关于深化教育改革全面推进素质教育的决定》中明确指出："调整和改革课程体系、结构、内容，建立新的基础教育课程体系，试行国家课程、地方课程和学校课程。"并强调"义务教育的课程、教材要与当地经济社会发展相适应"。

3.理论背景

著名教育家陶行之先生几十年前就提出了著名的论断："人人是创造之人""时时是创造之时"。

4.知识背景

（1）中外发明家已经总结了很多行之有效的发明创新的方法，而且都不复杂。著名的"和田十二法""信息交合论"和"TRIZ理论"（发明问题解决理论）就是很好的说明。

（2）我根据前人的方法，总结归纳了几种比较适合中学生发明创新的方法：组合创造法、改进创造法、逆向思维创造法、移植创造法、信息交合法、原理创造法、仿生创造法、联想创造法。

5.实践背景

（1）著名科学家钱学森先生临终前曾经拷问："为什么我们的学校总是培养不出杰出人才？"

中国工程院资深院士、教育部原副部长韦钰博士说："目前的基础教育状况不利于创新人才培养，创新能力和创新热情在儿童时期已经被消磨殆尽。"因此，在中学阶段就进行发明创新教育、培养创新意识迫在眉睫、刻不容缓。

（2）中学生已经学习了不少科学知识，掌握了一定的学习、思考的方法，具备了一定的动手能力。

（3）多年来全国青少年科技创新大赛出现了众多的成功例子。

这些外部条件，为我在中学开展发明创新教育实践活动奠定了良好的基础。

二、活动定位

发明方法本身是枯燥无味的，中学生掌握的科学知识也相当有限，在无大纲、无教材、无师资的情况下，要在中学开展发明创新教育实践活动。如何定位，这是活动成败的基础。

我经过深入调查研究，确定了活动的方向：

1.发明创新教育实践活动与中国的传统课程有着本质的区别。现行的中学课程大多侧重于知识的传授，发明创新教育实践活动应该侧重于智力开发、思维训练、创新意识和实践能力的培养。它是培养创新型人才、建设创新型国家的重要因素，是其他课程无法替代的。

2.发明创新教育实践活动重在过程，重在培养兴趣、陶冶情操。

3.发明创新教育实践活动是学校的特色课程（校本课程），是现行中学课程的补充。

4.发明创新教育实践活动是综合实践活动课的拓展和延伸，是综合实践活动课的一个重要分支，其与综合实践活动课有着千丝万缕的联系，有着异曲同工之妙，完全可以融入其中。

三、活动目标

1.通过发明创新教育实践活动，激发学生兴趣，调动学生的积极性，培养学生的创新意识，提高学生的实践能力，使学生在愉快的活动中受到教育，增长知识，接受科技创新的熏陶。

2.通过发明创新教育活动途径，使学生初步认识到发明创新是国家强大、民族发展的不竭动力，从小树立创新意识，自觉培养实践能力，立志成为一个有责任感和强烈的创新意识的现代人。

3.认识到只要掌握发明创造的方法，人人都可以进行发明创造。初步掌握组合创造法、改进创造法、逆向思维创造法、移植创造法、信息交合法、原理创造法、仿生创造法、联想创造法等八种发明创造方法的基本原理和运用方法。尝试用以上方法解决学习、生活中的难题。

4.学会提出问题、分析问题，学会制订解决问题的简要方案，画出简单的示意图、结构图。在老师和家长的帮助下，制作出一些小发明作品，在实践中提高动手能力。

5.养成综合运用知识、查询资料的习惯，促进学生全面发展。

6.通过对学生开展发明创新教育活动，带动社会上的其他人都来关注创新、参与发明，从而形成一个创造知识产权、保护知识产权的良好氛围。同时也为探索校本教材的开发和科技创新教育的新思路做有益的尝试。

四、活动设计

1.**适用对象**：高中学生

2.**活动时间**：常年

3.**活动建议**：通过学校课堂教学、科技活动开展此项活动

4.**活动目的**

（1）通过学习、考察、查资料、宣传，了解发明创新的意义，从小养成热爱科技创新、保护知识产权的良好习惯。同时，通过宣传活动，使更多的人参与到知识产权的创造与保护运动中来。

（2）通过活动，培养学生热爱家乡、为祖国的强大而努力创新的小主人翁精神。

（3）学习观察、记录、搜集资料信息、分析问题、解决问题、制订发明方案的方法及提高宣传、社交等各方面的能力。

5.**活动资源**

（1）资料：各地进行发明创造方面的参考书籍、网站。

（2）材料工具：交通工具、记录工具、制作小发明的常用工具。

6.**活动内容设计**

本活动主要内容包括以下几个方面：

目前，中学课程越来越多，学校安排校本课程的课堂时间相当困难。所以，我们必须在有限的时间里进行有效的活动，以点带面，触类旁通。并充分利用课外活动时间开展丰富多彩的活动，这样才能取得良好的效果。

（1）以课堂教学为阵地，普及发明创造的方法。（重点、创新点）

（2）以兴趣小组为平台，培养一批发明创造爱好者。

① 做一项小实验。② 讲一个创新故事。（重点）③ 讲一个发明趣事。（重点、创新点）④ 提出并讨论一个问题。（重点、创新点）⑤ 设计一种发明方案。（难点）⑥ 制作一项小发明作品。（难点）

（3）以创新竞赛为契机，把发明创新活动课推向辉煌。（重点）

（4）以社会为舞台，开展丰富多彩的发明创新宣传活动。（重点、创新点）

我们具体可以从十个方面组织开展活动：

活动一：编写校本教材，让发明创新教育活动有规可循

没有教材，没有一定的教学模式，很多老师只能临渊羡鱼，束手无策，很难操作。而纵观书海，很多相关的书籍又过于成人化，且内容古老、僵化，所举的例子还是"中国古代四大发明""瓦特发明蒸汽机""爱迪生发明电灯"……且文字多、图片少，不适合于教学。只有编写一本既适合于课堂教学使用，又适合于发明创造爱好者自学的教材，才能做到普及教育。为了让老师易于操作、教得轻松；学生乐于接受、学得愉快，我们可以编写一本形式新颖活泼、内容丰富多彩贴近学生生活的教材。教材分为两个部分。

第一部分是发明创造课：根据发明创造方法从易到难的特点，分为若干课时。每课课前都配有"名人名言""发明趣事"，再通过大量的图片介绍一种发明创造的基本方法，课后配有"试一试""作业评价"和课外链接等。

第二部分：中学生发明创造实例。选取近年来参加国内外青少年科技创新竞赛获奖而且学生喜闻乐见的案例。

例如，编写《异类组合创造法》这一课时，分为以下几个步骤：

名人名言：根据个人和集体的经验进行新的、独创性的并具有价值的组合，这就叫创造。（日本创造学专家 旭贵朗）

发明趣事：1969年7月16日，美国阿波罗11号宇宙飞船发射升空。当飞船的指令长阿姆斯特朗从登月舱的扶梯走下踏上月球时，全世界的人都为之振奋。虽然这只是小小的一步，但却代表人类在太空探索领域里向前迈进了一大步。

当人们都为登月这一伟大创举而欢呼时，将阿波罗11号宇宙飞船送入太空的土星五号火箭总设计师韦恩赫尔·冯·布劳恩却道出了一个惊人的秘密：阿波罗11号宇宙飞船没有一项技术是新发明的，它只不过是把过去发明的很多技术和产品完美地组合起来而已。

基本概念："异类组合创造法"是把两种以上的不同事物或技术、方法加起来，使它们具有新的功能。例如：

衣服 + 扣子 = 有扣子的衣服   瓶子 + 盖子 = 有盖子的瓶子

收音机+录音机=收录机   铅笔 + 橡皮 = 带橡皮的铅笔

主机 + 键盘 + 显示屏 + 鼠标 = 电脑

发明实例：有些事物是简单组合，有些事物是非常复杂的组合，汽车、轮船、飞机、宇宙飞船，组合的元件多达几十万、上百万件。现在，我们以汽车发展史为例来看看吧：

发动机加轮子加椅子加方向盘构成了最简单的汽车

加个车灯，晚上开车方便多了。可下雨还是麻烦

加个棚子不是可以避雨遮阳了吗

风好大呀！加上玻璃窗吧

我家人太多了，加几个座位吧

哇，这辆大巴可以坐几十人呢

加转向灯，方便让车；加后视镜，方便倒车；加后灯可以防止撞车；加音响，可以防止疲劳；加空调那就非常舒服啰

总结语：不同的功能、目的可以进行组合，不同的物品可以进行组合，不同的材料可以进行组合，不同的技术、原理可以进行组合，不同的方法、步骤可以进行组合，不同的颜色、形状、声音、味道可以进行组合，不同的状态可以进行组合……

总之，组合可以是双项组合，也可以是多项组合，它既可以是产品的组合，也可以是技术和方法的组合。

试一试

1.双项组合

（1）汽车类

① 公共汽车到站时刚好下雨，很多人都不带伞。下车吧，变成落汤鸡；不下车，就会误事！你能给公共汽车加个装置，解决这个难题吗？

② 按照规定，汽车司机开车时，必须带有行驶证、驾驶证、年检证等。可是有些人常常忘记带，造成很多麻烦。你能在汽车门锁上加一个装置，给司机提个醒吗？

（2）日常用品、用具类

电动机 + 牙刷 = 电动牙刷

电动机 + （　　　　　） = （　　　　　）

夜光漆 + （　　　　　） = （　　　　　）

遥控器 + （　　　　　） = （　　　　　）

M P 3 + （　　　　　） = （　　　　　）

（　　　　） + （　　　　） = （　　　　　）

2.多项组合

普通手机 + 发短信功能 + 上网功能 + 照相机 = 多功能手机

（　　　）+（　　　）+（　　　）=（　　　）

（　　　）+（　　　）+（　　　）=（　　　）

3.你和你的朋友最近遇到了什么难题？有办法解决它吗？请记录下来

作业交流与评价：

请作者和老师根据以下的内容评定成绩：

1.你所填写的发明项目自己从来没听说过、没看见过。（满分）

2.在班上交流，让同学们和老师提建议，然后自己确定一个最佳方案。（铜奖）

3.把自己的发明设想告诉父母、叔叔阿姨、爷爷奶奶，征求他们的意见。（银奖）

4.修改自己的发明方案，用一两句话在小笔记本上把这个方案记录下来。（金奖）

5.课外链接： 百度、雅虎、 Google 搜索 ━━━▶ 最新发明

成功的教学案例：

新型汽车落水安防系统

汽车不慎落水，常常因为车内电力系统短路熄火，或车外水压过大，无法打开车门，没能及时逃生，造成严重的伤亡事故。世界各地不时见到这样的报道。

为此，我们设计了一种"汽车落水安防系统"，是对汽车天窗做了修改和重新设计：

天窗由两层组成，内层防盗，只有人在车内才能打开。外层是一个自动弹开的窗口，它由一个"半导体水开关"控制。

这种水开关是很小的装置，隐蔽在车身周围离地面大约60厘米高的地方，

不留意的话肉眼都看不见。它的正负极距离约为2厘米，只有在水完全浸透时，才会在两极之间连接成为导体，启动天窗的外窗。

一般情况下，天窗就是一个正常的天窗，下暴雨也不会自动弹开。一旦汽车不慎掉落入水中，"半导体水开关"完全浸泡在水中，水在两个电极之间形成导体，瞬间启动"执行电路"，强制弹开天窗，人就有机会从天窗中逃出，游到水面。

  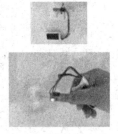

整改后的汽车外形　　　　　　打开后的汽车天窗　　　　　　半导体水开关

本项目于2017年夺得深圳市教育局举办的"深圳市中学生探究性小课题"优秀成果唯一的特等奖；夺得"第32届美国匹兹堡国际发明展"金奖，获国家实用新型专利，发表于国家级刊物《青少年科技博览》2017年第10期上。南方日报、南方都市报、南方教育时报、深圳特区报、南方电视台、深圳电视台等媒体做了报道。

活动二：以课堂教学为阵地，普及发明创造的方法

以年级为单位，每个学期上三节大课，激发全体学生发明创新的积极性，普及发明创造的方法。

通过课堂教学、科普讲座、举办竞赛等多种形式，让学生了解什么是发明创造、发明创造必须具备"科学性""创造性""实用性"，发明创造的八种基本方法：组合发明法、改进创造法、逆向突破法、移植发明法、联想发明法、信息交合法、原理发明法、仿生发明法等等。了解这些方法的原理和实例。认识到发明创造对国家强大、民族发展具有重要作用。

人们普遍认为发明靠的是灵感，高智商、博学多才的人才会有灵感。我认为发明靠的是方法，灵感只对准有方法、有准备的人。所以我们要想方设法把貌似高深的发明创造的基本原理和方法，用简单易懂的形式深入浅出地表达出来，所举的例子要以学生身边的事物或同龄人发明作品为主，让发明创造成为"0门槛"，让发明创新走下神坛。我们要学会讲故事，寓教于乐，寓庄于谐，让学生一听就乐、一看就明、一学就会、一动手就兴趣盎然，让孩子们从轻松愉快的氛围之中受到创新精神的熏陶和创造方法的历练。

"巧妇难为无米之炊"，如何选择教材内容，让学生既感兴趣，又能有效地学到发明创新的技能和方法呢？这是教学成败的关键。根据教育学、心理学原理，我认为选择教学内容遵循了以下几个原则：先易后难、先简后繁、有代表性、同龄人发明作品、贴近生活、贴近学生、故事性强、学生喜闻乐见。

课堂教学案例一：《改进创造法》

上这一课的时候，可以拿出一瓶墨水、一支毛笔、一支钢笔和一支圆珠笔，让孩子们仔细观察这些笔和墨水瓶，想想他们之间有什么关系。探讨的结果是，写毛笔字需要墨汁，时时需要带一瓶墨汁；用钢笔、圆珠笔写字同样需要墨水，却不用带墨水瓶，因为墨水瓶已经缩小成笔胆和笔芯了。其实，钢笔和圆珠笔这两项发明是重大发明，它们也像电灯、蒸汽机、计算机一样，给人们的学习与生活带来了极大的方便，为人类的进步和发展做出了巨大的贡献。这个变化的过程蕴含着一个很简单的发明方法，即"缩减发明法"，也就是"改进发明法"中的一种。改进发明法是指根据需要，改变一种事物的形状、大小、长度、颜色、重量、结构、材料、成分、原理等，使其具有新的功能或达到弥补不足、消除缺陷、满足要求的目的。每一次创新可能只有一点点的进步，但这就是发明创造的过程。

我们再请同学们用这种方法试一试。每位同学都先列出两种较大的物品，然后在基本不改变其性能的情况下，想办法缩减它。学生一下子就会产生不少新设想。

成功的教学案例:

新型修理链条工具

深圳市石岩公学中学部　叶毅凯

课题产生:

我参加发明兴趣活动小组之后,对各种各样的问题和困难非常关注,常常有一种发明的冲动,也产生了很多奇思妙想。

我叔叔开了一家摩托车修理店。我经常在修理店的旁边看工人叔叔修理摩托车。我看到叔叔修理摩托车链子的时候,非常困难:要把链条的插销对准一个洞口,用铁锤和一根小铁棒不断地敲打,这样才能把链条中间的插销打出去,再换上新的连接铁片。

这种修理链条的方法既麻烦又容易使链条变形,影响链条的使用寿命。能不能发明一种新型工具,让工人叔叔轻松地修理链条呢?我决定发明一种新工具来修理链条。经过对链条和原来的修理工具的反复研究,设计了很多种方案,终于制作出"新型修理链条工具"。

新颖性:

我通过网上、图书馆、专利查询,没有发现类似产品。

科学性:

这和斜坡省力的原理一样,一圈圈的螺纹展开来看就是一个长长的斜坡,达到省力的目的。

实用性:

这项发明作品长15厘米,高8厘米。是用一把活动扳手改造而成的。用机床在扳手口的上方钻一个螺纹洞,再加工一根与螺纹洞相匹配的带手柄的螺栓;在扳手口的下方开一个叉口。把链条的插销对准螺栓和下方的叉口,然后夹紧,转动螺杆,就可以轻而易举地把链条中间的插销推出去,换上新的链条连接铁片。

这项发明批量生产,成本每个10元以下。安全可靠,操作十分简便,大大提高了工作效率，还可以防止链条变形，减少磨损，从而提高使用寿命。具有新颖性、创造性和实用性。经过摩托车修理店的工人反复使用，效果很好。它可以应用于各种链条的修理，具有广阔的市场前景。

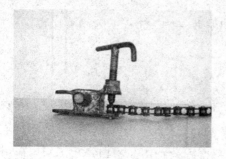 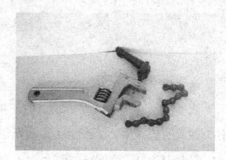

这个项目具备新颖性、创造性和实用性，荣获广东省青少年科技创新大赛一等奖，获国家实用新型专利，荣获全国中学生劳动技术教育优秀成果展评活动金奖。

课堂教学案例二：《信息交合法》

1.开始的时候，我们让学生把见过、吃过的香肠说出来。

2.让学生自由展开想象之后，再说一说。

3.用信息标把香肠分解成肠衣（猪肠、羊肠、牛肠、鹅肠、食用纸等）时，让学生说一说。

4.出示肠料信息标（猪不同部位的肉、内脏；牛肉、内脏；羊肉、内脏……）让学生说一说。

5.引导学生进行两种交合时，然后再说。

6.同样，当我们再列出香肠的形状、味道、作用、人群、民族、国家、朝代等信息标时，每一位学生都能说出成千上万种新型香肠。（详见下图）学生们看到自己一下子产生的众多新点子，他们肯定兴奋不已：原来发明创新并非神秘莫测，而是神奇有趣。

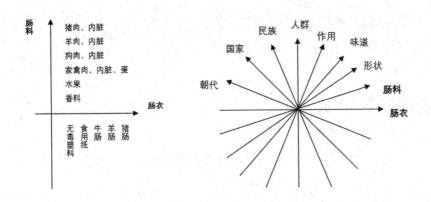

用同样的方法，广泛运用遥控器、太阳能电池，他们同样会产生众多新奇的想法。

课堂教学案例三：《原理创造法》

上这一课的时候，我们可以首先用《把牛粪化为钻石》的故事引入，学生听得津津有味，都被科技创新把腐朽化为神奇的力量所震撼。接着，降低了坡度，用大量的图片，把人们利用水的特性和原理进行的发明和创造呈现给学生：水的柔软性（水枕头、水床、水座垫）；水的沸点是100摄氏度（蒸锅、水心电烫斗）；水的浮力（救生圈、小舟、轮船）。然后，展示学生发明作品"无频闪、无辐射的台灯"（把一个小型变压器和整流器装到台灯里，把交流电变成直流电用于照明）、发明故事《中国的爱迪生　未来亿万富翁的学生》。最后让学生用磁铁的同极相斥原理做实验，运用这一原理进行发明创新……选择这样的内容，既生动有趣、难易适中、深入浅出，又贴近生活实际，学生肯定会兴趣盎然。

这样上了几节课之后，梦想的翅膀就会与孩子们如影随形，他们肯定明白自己就是创造的真正主人，于是对发明创新活动兴趣盎然。

发明创新方法学习记录卡

发明创新方法名称	基本概念	操作要点	发明创新实例	我的新设想

学习任务1： 发明创新专题知识讲座。

学习任务2： 发明创新专题知识专题知识测评。

成功的教学案例：

新型环保温差电池

深圳市石岩公学高中部　覃鹏程

课题产生：

在一次利用电子制冷片制冷的试验中，我偶然发现电子制冷片在两侧温度差到达一定程度时，它的两极会产生电流。这让我兴奋不已。这是不是一项新发现呢？能不能把他引用到生产、生活中呢？据查询，以前也有人利用温差发电，如"海水温差发电""新型温差发电装置""太阳能温差发电装置"等，但这些装置都必须经过把温差产生的能量转化为机械能，再通过机械带动发电机运转发电，比较复杂，能量利用率低，成本很高。

科学性：

半导体制冷片两侧形成温差时产生直流电，这是一个自然现象，我在实验中发现其规律，并深入研究、运用，具有科学性。

先进性：

大自然中的温差随处可见。过去运用温差发电都是将温差产生的能量转化成机械能然后再转化成电能。而本发明可以直接将温差能量转化成电能。这种装置为人类开发了一种新能源，成本不高，不产生噪音和二次污染，是一项重要的科学发现与运用。

实用性：

本发明运用半导体制冷材料制成一个管状装置，当热水通过其内部，而外部浸泡在凉水中，造成温差达到50至100摄氏度时，本装置就会源源不断地产生直流电。反之亦然。半导体制冷片承受的最高温度是100摄氏度以下为宜，当温差达到50至100摄氏度时，一块4平方厘米的半导体制冷片产生的电量就可以点亮一个40个小LED灯，相当于40瓦的灯泡。本装置可以广泛利用于太阳能集热装置发电，工厂余热、地热、温泉、热泉等形成温差的地方发电，还可以运用于供暖设备、家庭厨房、浴室余热发电，适用于城市、农村等广大地区，应用前景十分广阔。

此作品荣获深圳市青少年科技创新大赛一等奖、广东省少年儿童发明奖金奖，入选中国少年儿童出版社出版的《发明创造乐园》一书，入选广东省教研室编写的《中学科技创新与知识产权教育》教材。2008年汶川地震发生后，覃鹏程决定将此项目无偿捐献给一家企业，让它尽快为灾区为社会提供便利，引起全国轰动。2009年覃鹏程作为唯一的学生代表与万科房地产公司董事长王石等人荣膺深圳市人民政府颁发的"深圳市民环保奖"，同时荣获中共中央宣传部"2009绿色中国年度人物"提名奖，作者光荣地由市长特批入户深圳。

覃鹏程正在向老师和同学们
进行实验演示

覃鹏程与王石等人荣膺深圳市
人民政府颁发的"深圳市民环保奖"

活动三：以兴趣活动为平台，培养一批发明创造爱好者

以年级为单位，每个年级开办一个兴趣班，每个小组每周利用一个下午的课外活动时间上一节兴趣课，主要是对兴趣浓厚的学生进行提高训练。为了激发学生的兴趣，点燃他们发明创造的火种，可以从以下几方面开展教学：

1.做一项小实验，如：一种"神奇书写水"

该书写水写在白板上就显示出深蓝色，当你用湿毛巾擦的时候，白板是干净的，毛巾也是干净的。学生试着用这种笔写到自己的衣服上，然后用水洗一洗，结果衣服上没有任何痕迹。

2.讲一个创新故事

如："蚂蚁当红娘"，把文成公主嫁到西藏去。把梳子卖给和尚的人当上总经理，年薪50万美元等。

3.讲一件发明趣事

如：深圳市实验中学马启程同学发明"残疾人脚用鼠标"荣获全国青少年科技创新大赛一等奖，国际英特尔青少年科技创新大赛银奖，并保送上世界著名的哈佛大学。一把"神奇的钥匙"，它遇到酒精就起反应，人如果喝了酒，血液里渗透了酒精，手摸了钥匙，就无法启动汽车，这把钥匙的技术在深圳国际高新技术交易会上卖了380万元。"把牛粪化为钻石"等。

4.提出并讨论一个问题

专门组织学生深入社会、家庭，开展难题调查活动，调查、搜集人们经常遇到的难题和迫切希望解决的问题，在兴趣课上提出来，让整个小组的同学一起讨论，寻求解决问题的办法，为发明创新做好铺垫。

5.设计一种发明方案

根据发明创造的科学性、创造性和实用性设计一种发明方案，画出结构图，写出简要的说明。加深青少年对发明创新的理解，把发明创新问题与生活、环保、廉价、节能、方便、实用等因素综合起来分析并思考解决难题的途径。

6.制作一项小发明作品

在充分讨论、筛选方案之后，利用学校的设备和社会资源，在老师、家长、工人的帮助下把自己的设想变成现实。

活动四：以社会调查活动为渠道，拓展发明创新的思路

从古至今，发明创造为人类解决了众多的难题，带来了极大的方便。可以

说，人类的历史就是不断地在遇到困难、提出问题、解决困难中发展的。所以说，发明创新是与困难伴生的。通过调查，我们将对人们生活中存在的困难有比较深入的了解，从而为发明创新活动提供丰富的素材。让发明创新从生活中来到生活中去。

例：医院病人遇到的难题调查统计表

什么病人	做什么事	涉及的物品	存在问题	希望怎样改进

学习任务3：对中学（男、女）生生活中遇到的难题进行调查；写出调查报告。

学习任务4：对老年人生活中遇到的难题进行调查；写出调查报告。

学习任务5：对医院病人遇到的难题进行调查；写出调查报告。

学习任务6：对残疾人（聋哑人、盲人、肢体残缺的人、色盲的人等）遇到的难题进行调查；写出调查报告。

学习任务7：对清洁工遇到的难题进行调查；写出调查报告。

学习任务8：对用水、用电中遇到的难题进行调查；写出调查报告。

学习任务9：对环境保护中遇到的问题进行调查；写出调查报告。

学习任务10：对（厨房、卫生间、梳洗工具、修理工具、照明工具等）常用工具存在的问题进行调查；写出调查报告。

学习任务11：对身边的人经常埋怨的物品进行调查；写出调查报告。

学习任务12：对人们常常觉得非常重要但价钱昂贵的物品进行调查；写出调查报告。

注意：一般每个小组5人左右。在调查过程中，一定要抓住细节、抓住具体的问题，问题越小越集中越好。

活动五：以设计发明方案为重点，把发明创新活动推向深入

通过以上调查，学生搜集到了人们经常遇到的难题和迫切希望解决的问题，并在兴趣课上提出来，让整个小组的同学一起讨论，寻求解决问题的办法，为发明创新做好铺垫。学生搞发明创造，常常会浮想联翩，不着边际，想了一大堆，却无法解决任何一个问题。针对这种情况，我们指导学生进行科技创新活动时，选题尽量从小处着眼，新处入手，深挖细究，把每一个有价值的问题解决好。

设计一种新的物品，具备新颖性，在你的记忆中不曾有过。具备实用性，有新的作用，价值也有所增加。有创造性，可以用现有技术制造出来，相比现有的物品，有实质的进步效果。请用示意图表示，并加以文字说明。

可以单独设计，也可以小组设计。小组最多为三人。

发明方案设计表

研究对象名称：	发明项目名称：
为什么要研究这个问题？设计的思路怎么样？	
附图（必须标明各组成部分的名称和作用）：	
本发明的创新部分是：	
本发明与同类事物相比不同处和优点是：	

学习任务13：设计一种发明方案，画出结构示意图，并用文字简要说明。

活动六：以项目查新为切入点，引导学生进行研究性学习

1.学生学会一些发明方法之后，经常会冒出灵感来。但灵感也会一闪即

逝。我教给学生抓住灵感的方法。一旦有灵感，马上记下来，不管是记在手上、书上、本子上，还是叫父母记在手机上都可以，只要记住一个名称或关键词就可以了，久而久之，学生的灵感就会越积越多。过后我再指导他们筛选、分类、设计图纸和写说明书。另一方面，我根据学生的年龄特点，指导他们使用一些工具，制作一些简单的小发明、小制作，从小培养学生的实践能力。

2.一项小发明设计出来了，但它是不是最佳的解决方案呢？要制作出来还有哪些困难呢？它是不是真正意义上的发明？生活中是否已经有人使用过这种类似的产品？商场里是否已经出售了类似的产品卖？此前是否有人已经在报刊上发表过类似的发明设计？是否已经有人申请国家专利呢？这一系列问题都需要证实。如果老师和家长直接把答案告诉学生，或者代替学生查询，那就损失了一次重要的教育机会。我们可以引导学生自我评价：

请作者根据以下的内容评定成绩：

① 你所涉及的发明方案自己从来没听说过、没看见过。（满分）

② 在班上交流，让同学们提建议，然后自己确定一个最好方案。（铜奖）

③ 把自己的发明设想告诉父母、叔叔阿姨、爷爷奶奶、老师，询问他们见过没有，征求他们的修改意见。（银奖）

④ 到资料室、图书馆、网上查询，看看有没有同样或类似的项目记载。综合大家意见，修改自己的发明方案。（金奖）

⑤ 到大学或研究机构向专家、教授咨询，征求修改意见。（特别金奖）

在这个研究性学习中，小组合作优于个人独立完成。

学习任务14：走访、图书馆、阅览室、网上查询发明方案的新颖性

活动七：以制作发明作品、撰写技术报告为契机，体验当发明家的乐趣

1.学生只会想不会做怎么办？这是中学科技教育活动中最棘手的问题

遇到这样的难题，我们可以先指导学生画出简单的结构图，写出简明扼要的说明，然后到社会上找一位工人或技术员来加工，让学生当"设计师"指挥工人按照自己的方案加工。现在，尤其是珠江三角洲，工业化程度很高，会动手制作的人大有人在，而能动脑筋设计一种新产品的人却微乎其微。我们这样做可以大大激发学生的兴趣，提高他们的参与积极性。在指挥的过程中，他们的很多想法与实际和工人的想法发生冲突时，再让他们与工人一起修改和完善。在这个设计、指挥、参与、修改、完善的过程中，让他们体验当一个小发明家的乐趣。对人生来说，熏陶的过程比追求的结果更具有深远的意义。

2.向工人学习使用几种制作需要用的工具的操作方法。不断练习使用，逐步掌握方法

制作小发明计划表

作品名称	技术领域	需用的材料、零配件	需用工具	需要哪些人 在哪些方面给予帮助

3.撰写发明技术报告

（1）研究"青少年科技创新大赛"的《申报书》和《技术报告》的相关栏目和要求。

（2）学习、研究几种类似产品的说明书。

（3）向老师和同学介绍自己的发明作品。

（4）修改技术报告书。

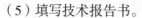

（5）填写技术报告书。

学习任务15：亲自制作或参与一项小发明作品，与协助者一道，不断修改、完善发明作品。

学习任务16：技术报告的撰写。

活动八：以参加科技创新大赛、申请专利为舞台，展现创新教育的成果

1.根据具体情况选择部分作品参加各级各类科技创新大赛

（1）参加学校"科技周暨'奇思妙想杯'学生发明创新作品展评"活动。

（2）参加区、市、省、全国青少年科技创新大赛选拔赛。

（3）参加宋庆龄基金会全国少年儿童发明奖。

（4）参加中国青少年创意大赛。

（5）参加中国青少年海尔科技奖比赛。

2.选择部分优秀作品申请专利

普及发明创新的方法和意识是我们开展科技创新活动的最终目标，竞赛、获奖、申请专利，知识是推动发明创新教育的催化剂和润滑剂。

学习任务17：在参赛中展示才华，并养成学习别人作品长处，挑剔别人作品缺陷的习惯。锻炼自己的口才和交际能力。

学习任务18：了解申请专利的基本环节和内容。

活动九：以开展相关竞赛为契机，把发明创新活动推向高潮

开展"我是小小发明家""我的发明故事"等征文竞赛活动，举行"发明家的故事""我身边的发明创新故事"故事会。进行小报、板报、黑板报的评比活动。

评比项目	评分标准
1.主题鲜明（30分）	围绕"发明创新"主题，要求鲜明、突出，能够有一定的影响
2.内容丰富（30分）	要求素材丰富，融知识性、趣味性、活动实践于一体，达到宣传的目的。
3.版面科学（20分）	要求版面设计科学、合理、新颖，文字、画面所占比例平衡。
4.创意新颖（10分）	体现个性特色，视觉效果好，有创意。
5.字体工整（10分）	要求手工制作，用粉笔在黑板上作画。

学习任务19：练习写作、讲故事、编板报

活动十：以开展"我是小小发明家""我是知识产权保护的小天使"宣传志愿者团队建设为契机，把发明创新与知识产权保护的种子撒向社会

1.充分利用媒体，结合"世界知识产权日"

"全国科技周""青少年科技创新大赛""深圳国际高新技术交易会"等时间段，开展发明创新与知识产权保护宣传活动，通过各种形式的宣传，使发明创新与知识产权保护深入到全校、整个社区，营造良好的创新型社会氛围。通过多种形式加强志愿者培训，促进发明创新与知识产权保护工作的开展。

志愿者通过学习和翻阅大量的资料，掌握一定的知识，利用各种渠道、阵地积极宣传发明创新与知识产权保护的重要性，使人们充分了解创新是一个民族发展的灵魂，是国家强大、民族振兴的大事。在整个了解、掌握、宣传的过程中，使自己的写作能力、观察能力、语言表达能力、社会交际能力等都得到锻炼和提高，并通过我们的行动，使发明创新与知识产权保护成为社会公民的自觉行为。

（1）协助、推动科技部门宣传：帮助当地政府科技部门、知识产权部

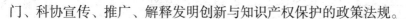

门、科协宣传、推广、解释发明创新与知识产权保护的政策法规。

（2）对中学生的宣传：① 通过"热爱科学，走进发明创新活动"，提高其创新能力与知识产权保护意识；② 与当地中学协商，制订"创新型学校"教育计划，对中学生进行长期的发明创新与知识产权保护知识教育；③ 以图片、讲解、做小游戏的形式向当地青少年普及发明创新与知识产权保护的基本常识，同时通过学生把发明创新与知识产权保护传播给家长。

（3）对当地群众的宣传：① 在城镇中心以海报、传单、展板等形式与当地群众进行面对面的交流并举行宣传咨询活动。② 深入群众，以访谈等方式进行面对面的交流。③ 借助当地报刊、电台、广播、电视、计算机网络，进行发明创新与知识产权宣传教育。

努力做到一个学生带动一个家庭，一个家庭带动一个家属，一个家属带动一片社区，一个社区带动一个区县，一个区县带动一个城市，初步形成全社会重视发明创新与知识产权保护的意识，积极参与到"建设创新型城市""建设创新型国家"的行动中来。

2.组织发明创新与知识产权保护专业研究人员或者管理人员培训"我是小小发明家""我是知识产权保护的小天使"志愿者

（1）小发明方案设计与写作志愿者的培训。主要任务是利用一些志愿者设计的小发明与制作经验，到其他学校、少年宫演讲青少年活动中心宣传，协助老师全面推行发明创新教育。

（2）知识产权保护志愿者的培训。主要任务是了解保护知识产权的重要意义以及中国、世界保护知识产权的现状、发展趋势和基本常识，向全社会广泛宣传。

（3）调查与宣教类志愿者的培训。主要任务是有组织地到社区开展问卷调查和访谈，派发宣传资料，并进行讲解；在当地中学校、少年宫或青少年活动中心对参观的学生进行发明创新和保护知识宣传讲解。

（4）宣传报道志愿者的培训。主要任务是为学校、社区进行宣传材料和设施的设计，学习进行新闻报道。

学习任务20：组建发明创新宣传志愿者团队

服务队名称	
服务队成员	
服务队口号	
服务队的主要内容	
服务队的计划	

学习任务21：培训"我是小小发明家""我是知识产权保护的小天使"志愿者

传播产生的背景		宣传地点	
传播者		受众者	
宣传的关键内容		宣传的方法	
宣传的途径		所需的材料	
预想达到的目的			
宣传结果			
社会反响			

学习任务22：发明创新与知识产权保护服务队宣传活动方案的设计

① 成立发明创新与知识产权保护志愿者服务队，人数为10人或更多，设计制作队旗、队标。

② 制订活动计划，在校园街道、集镇进行宣传。劝阻侵犯知识产权、购买盗版的不文明行为。用自己的实际行动教育和感化民众。

③ 设计制作板报、画廊，精心设计宣传标语、宣传单。

④ 精心挑选宣传资料。

⑤ 针对不同的宣传对象，设计宣传方法和注意事项等。

学习任务23： 开展发明创新与知识产权保护活动

以上10项活动可以根据实际情况灵活安排、交叉进行。

五、效果评价

1.评价原则

（1）评价要有利于促进实现获得直接经验，超前培养综合能力，发展兴趣、爱好、良好个性和习惯的主要目标；要有利于促进学生理解科学知识，理解科学技术过程和方法，理解科学技术对社会的影响，提高学生的科学素质；还必须要促进创新教育，有利于提高师生的主动性、自觉性，培养创造性思维，提高创造能力；要倡导在活动中打破思维定势的限制，解放思想，大胆创新。

（2）评价必须采取客观的实事求是的态度，客观才能找到真正的优点和不足，采取措施，提高课的质量，也才有利于教师、学生接受。要注意事项评价对象的特殊性，要根据不同的内容、形式、方法，从不同的特点出发，不能主观臆断。

（3）评价时要有全局和整体思想，要照顾科技活动课程教学的各个环节。如准备工作、活动过程、总结、效果、信息反馈等；要全面看、听、分析；要综合考虑内容、形式、成效；既注意教师，更注意学生。

（4）评价标准应简明扼要，便于实施，在活动开设时间还不长的阶段，评价更是宜粗不宜细，避免过于烦琐的统计。

2.评价方式

以学生自评、互评、教师综合评定相结合的方法，对学生参与的积极性、探究过程的合理性、科学性，活动的有效性等方面进行评价。

3.评价标准

一级指标	二级指标	三级指标	自评	互评
科学态度（20分）	科学意识（5分）	热爱科学、相信科学、尊重科学、依靠科学、学习科学、运用科学的意识，自主学习的态度，对科技进步的责任感，为科学事业勤奋献身的精神		
	实践意识（5分）	实践第一的思想，理论联系实际的学风，严谨细致、直接体验，一丝不苟的科学态度，对科学技术综合学习和运用的意识		
	协作意识（5分）	参加社会活动、群体活动的积极性，为集体、社会服务的主动性，为实现共同目标团结、互助、合作、尽职尽责		
	创新意识（5分）	善于发现问题、提出问题，敢于提出独立见解，勇于标新立异，乐于探索研究，创造新事物		
知识技能（30分）	基本知识（6分）	必须掌握某方面的基本内容		
	学习能力（6分）	自学能力，探索能力，思考能力，搜集信息、积累资料和分析资料的能力，综合学习科技知识的能力		
	动手能力（6分）	制作能力、操作能力，灵巧使用工具、材料的能力，手脑结合，把设想变为现实的能力		
	交往能力（6分）	学会做人，学会办事，学会与人合作，学会组织协调，学会适应周围环境条件		
	创造能力（6分）	学会以新颖独特的思想和方法去解决过去没有解决过的问题，创造新方法、新事物，学会运用创新性思维去解决问题，增强创造性解决问题的能力，善于破旧创新		
科学方法（30分）		调查、实验、观察、记录体验、感知、粗知一些科学技术新知识、新方法、新思想，包括一些前沿科学、高新技术		
科学行为（20分）		发展良好的个性特长，培养良好的非智力因素		

六、对青少年"益智、养德"等方面的作用

近几年来，深圳中学、深圳第二实验学校、深圳科学高中、深圳市福田区福田中学等多所学校运用这一方案，形成了浓厚的科技创新氛围，全员参与、人人创新。先后被评为"全国创新型学校""全国科技教育示范学校""中国少年科学院科普教育示范基地""广东省知识产权教育试点学校"，学生在科技创新类比赛活动中夺得国际、国家级奖项达180多人次，省、市、区奖励200多人次，150多项学生发明作品被国家知识产权局授予"实用新型专利"证书。学生在活动中培养了创新意识和实践能力。

法国文化教育家斯普朗格说："教育的最终目的不是传授已有的东西，而是要把人的创造力诱导出来，将生命感、价值感唤醒，一直到精神运动的根。"中国工程院院士韦钰博士说："科学教育机制完善，可以批量生产科学创新人才。"发明创新教育实践活动，对学校来说是打造一个品牌，而对于学生来说，那是激活了一股喷涌不息的智慧清泉，对国家和民族来说是功在当代、利在千秋的大事。此项活动的开展，必将得到上级主管部门和社会各阶层的大力支持和帮助，同时也一定会受到社会的欢迎。

此项活动的开展对青少年的全面发展起到了积极的推动作用。具体表现在以下几点：

① 增强学生创新意识、能力和责任心，使学生从小爱科学、学科学、用科学，成为一个具有创新精神和实践能力，有责任感的现代人。

② 促使学校教育延伸至社会教育，与社会息息相通，让学生从小接触社会，了解社会，增强以天下为己任的社会责任感，促进学生健全人格的形成和发展。通过学生的发明创新教育活动带动社会上人人都来关注创新、参与创新，为建设创新型城市、创新型国家奠定基础。

③ 学生从应试性学习转向了兴趣性学习。开展发明创新教育实践活动，从学生兴趣入手，在教师精心设计的各种活动中，学生积极主动参与，完全摆脱了应试教育的束缚，使学生真正学有所获。

④ 通过发明创新教育实践活动的开展，使学生能够获得一种全新的探究型学习方法。发明创新教育实践活动比较注重掌握调查、观察、实验、制作以及

现代信息技术等科学研究的方法和技能。学习过程中，学生可以根据自己的学习基础和个性特点，制订恰当的研究计划，实现个人研究目标，充分调动学生学习的积极性，培养学生的创造意识和社会实践能力。

开展发明创新教育实践活动，它的作用决不仅限于获得了多少奖项，申请了多少专利，其重要性在于它可以培养学生从小爱科学、学科学、用科学的精神，培养学生的创新意识和实践能力，体会当个小发明家的成功感受。对人生来说，发明创新是一种熏陶，有其艰辛，但更乐在其中；而熏陶的过程远比追求的结果更具有普遍而永恒的意义。

参考文献

［1］赵幼仪. 趣谈发明创造方法35种. 北京：国防工业出版社，2007. 2.

［2］关原成. 教你创造. 杭州：浙江科学技术出版社.

［3］罗凡华. 轻松发明. 北京：知识产权出版社，2010. 8.

［4］应明阳. 中国思维魔王. 北京：今日中国出版社，1997. 1.

［5］陶学忠. 创新能力培育，2008. 1.

［6］王耀村. 应必锋，译. 科学探索者（美）. 杭州：浙江教育出版社，2009.

［7］汪忠. 青少年科技活动方案的设计和实施.

（本方案在广东省教育厅举办的"广东省青少年科技创新大赛"荣获科技辅导员项目一等奖，作者荣获"广东省十佳科技教师"荣誉称号。本文在北京、西安、广州、香港等地举办的教学研讨会上多次做了交流，并发表于国家级刊物《发明与创新》《广东教学研究》《深圳教育》；深圳中学、深圳科学高中、深圳第二实验学校、深圳市福田区福田中学等多所学校运用这一方案，效果显著。）

诺贝尔奖得主朱棣文成功带给人们的启示

侯新杰 （河南师范大学物理学院 河南新乡 453007）

1997年10月15日，瑞典皇家科学院宣布，美国斯坦福大学物理系教授朱棣文因发明了激光冷却俘获气体原子的方法，与美国标准与技术研究所的菲利普斯和法国学者科昂·塔诺季一起分享1997年的诺贝尔物理学奖。同时他也成为继杨振宁、李政道、丁肇中、李远哲之后，第五位获得诺贝尔奖的华裔科学家。基于朱棣文的成功，2004年朱棣文出任了美国劳伦斯伯克利国家重点实验室主任。2008年12月15日，美国总统奥巴马宣布，正式提名华裔科学家朱棣文为美国能源部长，这一消息的传出，再次将世界的视线聚焦于这位曾经的诺贝尔奖得主身上，朱棣文又一次为华人科学界赢得了荣誉。作为诺贝尔奖的获得者以及美国内阁中备受关注的华裔高官，成功的背后有着怎样耐人寻味的成长和研究经历？

一、早年生活与求学经历

朱棣文祖籍江苏省太仓县，1948年2月出生于美国密苏里州最大的城市圣路易斯市（St.Louis）的一个华人学者家庭。父母均毕业于清华大学，父亲朱汝瑾1943年到麻省理工学院化学工程系学习并取得博士学位，后来成为台湾中央研究院的外籍院士。母亲李静贞曾在麻省理工学院攻读工商管理，是一位颇具才华的经济学家。不仅如此，在朱棣文的父兄辈中，至少有12名博士或大学教授。

朱棣文在家中排行老二，哥哥朱筑文是麻省理工学院博士，并拥有物理学、生物化学、医学三个博士学位，现在是美国斯坦福大学医学院的教授。弟弟朱钦文18岁就大学毕业，21岁便获得了博士学位，后又进哈佛大学法学院深造，是目前美国100位最有名的律师之一。

哥哥是家中的第一个孩子，从小便成绩优异，在与朱棣文一起学习的长岛花园中学，他曾创下该学校记录的最高累计平均分，与之相比，朱棣文却显得十分平庸。父母和老师时常拿哥哥和他进行对比，然而哥哥太过优秀，他无论怎么努力都无法追赶，这使得朱棣文感到很不自信。朱棣文曾回忆说："生活在一个人才辈出的家庭之中，你常常会感到自己是一个笨蛋。"小时候的自己在这个科学世家中只能算是一只"黑羊"（意思是另类）。

但这只朱家的"小黑羊"虽然没有优异的学习成绩，却有着另外一个特长，那就是喜欢动手。朱棣文小时候十分活泼好动，并且有着十分丰富的想象力，头脑中的小想法一个接着一个。幼儿园刚结束，他就制作出一架架"小飞机"和一艘艘"小军舰"，家里的客厅到处都摆放着他的杰作。到了小学四年级，朱棣文已经升级为一名"合格"的安装工了。他不仅喜欢自己动手去组装喜欢的玩具，同时还会自己去库房找零件，将玩具改装成机器人。也正是在这些过程中，丰富了他的机械、物理知识。"我花了许多时间来制作一些无明确用途的器具。在我房间的地毯上，经常散乱地摆放着数以百计的金属'梁'和小螺母、小螺杆，它们是我尚未完成的半成品……"朱棣文回忆说。

通情达理的母亲十分支持朱棣文进行这样的"工程创作"，甚至有次朱棣文做化学实验时，不小心把家里唯一的餐桌给烧了，母亲不仅没有责怪他，还反过来安慰他。正是这种温馨、宽松的家庭环境伴随着朱棣文的成长，让他从小就有的发明天赋得以自由发挥，从而造就了他在实验物理学上的发展。

朱棣文从小和其他学生的不同之处在于，他尤为讨厌死记硬背的学习方式，所以初中时几何的层层逻辑推导过程深深地吸引着朱棣文，并把他引入到了一个深奥而奇妙的世界。凡是他喜欢的课程，他就会非常着迷与专注，并会全神贯注地聆听老师的讲解，细细咀嚼。到了高中阶段，物理学和微积分成了朱棣文的最爱，因为这两门课和几何学一样都不用死记硬背。而才华横溢的物理老师托马斯·米纳的出现，更是将朱棣文带进了更深入的精彩非凡的物理世界，从此朱棣文便和物理结下了不解之缘。朱棣文后来一直将物理老师托马斯·米纳视为一生对他影响最大的两个老师之一，因为米纳先生不仅讲课无比清晰准确，同时还鼓励学生去做一些想入非非的实验。在高中阶段的最后一个学期，朱棣文自己设计制作了一个物理钟摆，并用它"精确地"测量了重力加速度。而有趣的是，25年后，朱棣文又做了同样的事情，不过这次他发明了"激光冷却原子"的方法，开发了对重力加速度测量的更加精确的方法。

高中毕业以后，朱棣文由于成绩不突出，只考入了二流的罗彻斯特（Rochester）大学，并选择学习物理专业，显然这一结果令家人很沮丧，因为他的哥哥和表兄弟们都是考入了哈佛、普林斯顿这样的名牌学校。尽管如此，朱棣文却暗暗松了一口气，因为他终于可以走出哥哥们的阴影，选择一条自己的路了。

也正是在罗彻斯特大学的课堂上，朱棣文邂逅了费因曼的《物理学讲义》。在这本书中，费因曼将物理描述得如此美丽，他对物理学以及物理研究的一系列精辟见解、对科学诚实的态度甚至他的思想方法，都深深地吸引着朱棣文，并激发了他对物理学的无比热爱。费因曼就像一位极其神奇的魔术师，向朱棣文施展着魔法，让他领略到原子分子物理、量子理论、能量、引力及物理学与其他学科的关系，领悟到了物理学的奥秘。朱棣文曾回忆说："如果不是使用了费因曼的《物理学讲义》，我几乎肯定会放弃物理了。"

二、从理论向实验领域的转型

除了费因曼，当时朱棣文心中崇拜的偶像还有伽利略、牛顿、爱因斯坦、盖尔曼、杨振宁以及李政道，他也想要像他们一样在物理学的领域做出无比杰出的贡献。而且，当时的朱棣文一度认为，只有一流的人才应该做理论，而做不了理论的才去搞实验。所以，成为一名伟大的理论物理学家，一直是他梦寐以求的愿望。

为了实现他的理论物理学家梦，朱棣文在大学毕业后选择了加州大学伯克利分校物理系继续他的学业，并于1970年的秋天在这所学校开始了他的研究生学习生涯。在这里，朱棣文有幸遇到了对他人生有着重大影响的另一位导师——著名的实验物理大师欧根·康明斯教授。

尽管伯克利大学物理系一直在告诫它的学生，一定要重视物理实验研究。然而，这一警告，在一开始对于朱棣文和他的那些同学并没有起作用，他们继续沉浸在理论物理的研究中。"是恩师欧根·康明斯教授引导我进入了实验物理学的研究领域。"朱棣文回忆说。康斯明教授从一开始就提醒朱棣文："应该把精力集中去研究那些涉及物理学根本问题的课题，这些问题一旦解决就会促进科学技术的重大突破。"

当时，康明斯教授正好对天体物理比较感兴趣，于是他建议朱棣文考察一下原恒星的形成，就这样朱棣文便在伯克利国家射电天文台待了整整一个夏天。可是接下来的两个月他却愈来愈发现理论物理的索然无味，他宁愿去实验室做实验来消遣。

作为"消遣"，朱棣文做了一个声学实验，用以验证人耳对音乐的敏感性。意想不到的是实验做得尤为漂亮，同时还澄清了前人所犯的错误。在实验室的体验让朱棣文豁然开朗：实验比理论更有意思，他在实验上更能找到感觉。当他向导师康明斯提出转行做实验这一决定时，得到了康明斯教授的鼎力支持。于是，朱棣文果断地放弃了理论物理研究，走进了实验物理研究的领域。

在康明斯教授的指导下，朱棣文开始进行了一系列的实验活动。在当时，弱电统一理论刚刚提出不久，全世界的科学家都急于寻找该理论预言的现象，康明斯教授和朱棣文也看到了这一物理实验的广阔前景，于是他们也投身其中。但做这项实验需要激光，而康明斯教授对激光却不大了解，于是朱棣文便自告奋勇地承担起制造激光器的任务，他也因此和激光结下了不解之缘。然而遗憾的是，当他们研究出第一项结果时，斯坦福大学直线碰撞实验室已经提前几个月得出了完美的结论。

1978年，朱棣文放弃了伯克利提供的助教职位加入了贝尔实验室。贝尔实验室成为了朱棣文学术生涯的重要一站，他在这里度过了以后的九年时光。在这期间，他参与发明了利用激光来冷却和俘获原子的方法，并因此获得了诺贝尔奖的提名，被誉为科学天才。

1987年，朱棣文来到了斯坦福大学任教，成为了该校首位华裔教授，专心致力于激光制冷技术的研究。虽然起步较晚，但他独特的研究风格使他后来者居上，一跃成为该领域的领军人物。1990年，朱棣文出任斯坦福大学物理系主任，此时他已成为量子光学界的世界权威。他无比精湛的实验技巧一度被同行们誉为"一种技术上的杂技表演"。对于别人来说无比枯燥的实验，在他这里却是乐在其中。在同事们眼里，他是个十足的工作狂，很少休节假日，到了实验的攻坚期他甚至把床移进了实验室。他脑海中时常盘旋着那些悬而未决的课题和实验，甚至到了"走火入魔"的程度。有次，太太让他给儿子洗澡，他边洗边思考问题，手拿着毛巾不停地在孩子身上擦来擦去，直到太太提醒他才回过神来。朱棣文曾在一次演讲中提道："在我的学术生涯里已经多次改变研究方向，我总是对全新的事物充满兴趣，越是无人问津的领域越是充满机遇和挑战。"

三、摘取诺贝尔奖桂冠

操纵和控制孤立原子一直是各国物理学家们致力追求的目标。早在朱棣文进入贝尔实验室的第一年他便完成了一篇关于X射线显微镜学当前状况的论文，并进行了一个红宝石中能量转移的实验。之后，更是无所畏惧地开始计划一个关于正电子素光谱的实验。而这项实验无比困难的测量难度，使得许多科学家均以失败告终。朱棣文的上司也极力阻止朱棣文的决定，认为这是一个很有可能毁掉他事业的冒险。尽管经过两年的努力也没有取得任何进展，朱棣文依旧坚持着自己的做法。最终，朱棣文和他的合作伙伴们经过不懈努力，凭借着娴熟的实验技巧，终于取得了成功。他们成功地观测到了每个脉冲仅有4个原子的信号；两年以后，他们又改进了方法，对原子系统、量子电动力学进行了更准确的测量，观测到每个脉冲有20个原子。

1983年的秋天，朱棣文升任为贝尔实验室量子电子学研究部的主任，在一次偶然的"午餐会"上，朱棣文倾听到了有"激光捕获之父"之称的阿施金提出的有关激光捕获原子的构想。这使得朱棣文做出了一项新的重大决定，那就是将目光全面投入到激光冷却捕获原子的实验研究上去。经过几个月的反复探索，朱棣文意识到，要想用激光捕捉到原子，首先必须将它们极度冷却，因为只有这样才能将原子的速度降至极低，才能实现研究、操纵、控制原子的目的。为此，朱棣文放下了其他所有研究，全力投入到这项新领域的研究中去。

1985年，朱棣文和他的助手们终于想出了用激光发出的强光束同原子发生作用的方法，也就是用光压来阻碍原子运动，就好比一块大理石掉进了像黏胶的黏滞性液体中一样，朱棣文将这一现象称为"光学黏胶"。在这种机制下，用两两相对，沿三个正交方向的六束激光使得原子减速，并聚集在六束激光交汇的区域。然而，在以上的实验中，原子只是被冷却，并没有被捕获。重力会使得它们在1s之内从光学黏胶中落下来。要想真正捕获原子，这就需要一个陷阱。1987年，朱棣文和他的助手们做成了一种很有效的陷阱，即磁光陷阱。它是利用六束激光，此外，再加上两个磁性线圈以便给出略微可以变化的磁场，其最小值是处于激光交汇的区域。由于磁场会对原子的特征能级起作用（也就是塞曼效应），这样就会产生一个比重力大的力，进而把原子拉回到陷阱中心。此时的原子虽然没有被真正捉住，但却被激光和磁场约束在一个很小的范围里从而可以在实验中加以研究或利用。

朱棣文和他的研究小组在激光冷却和捕获原子的技术中所取得的突破性进展，很快便引起了国际物理学界的广泛关注，在他们之后虽然也有很多科学小组很快超越了他们，这其中就包括美国国家标准和技术研究所的威廉·菲利普斯同其合作者所采用的高效率的捕获法，以及法国巴黎高等师范学院的克洛德·科昂–塔努吉，他们甚至将氦原子冷却到了$1\mu k$。然而朱棣文和他的研究小组所开创的激光减速方法及光学黏胶的工作一直都是其他研究成果的基础。他们三人也因此共享了1997年的诺贝尔物理学奖。与此同时，朱棣文和他的研究小组并没有因此停下脚步，他们继续在原子捕陷的研究上不断做出新的努力。

朱棣文发现的这一崭新方法，为研究者在前人所无法达到的领域操控物质提供了可能，同时也为科学家们深入了解在低温下气体的量子物理运动"铺路"，这一发现也是对物理学理论的重大突破，而达到这一成就，朱棣文整整奋斗了20年。

四、攀登新的科学高峰

获得诺贝尔奖对于朱棣文来说已经成为"昨天的美好回忆"，也是他再出发的新起点。在实验室里，他又开始了在科学道路上的新征程，向下一个科学高峰攀登。

1999年，朱棣文继续着对激光冷却的研究，他带领自己的研究小组，运用激光冷却原理，又一次取得了领先于世界的重大科学成就。他们通过"坠落"原子精确测算出单个原子所受到的重力加速度，并成功将这一数值的测量精度提高到3×10-10。与此同时他们还发现这一重力加速度同由数十亿原子所组成的宏观物质所受到的加速度相同，从而证实了自由落体运动定律在量子范围内也成立。这一研究成果被物理学界称为意大利科学家伽利略的"比萨斜塔实验"的现代翻版，并与"人体第22对染色体密码被破译""哈勃望远镜发现最遥远的天体"等一系列生命科学及空间科学的重大成果相并列于"1999年世界十大科技展"的展台之上。

早在1989年，朱棣文就已开始涉足生物技术领域，他在斯坦福大学进行了对生物分子的研究。由于当时他们已经可以利用光在温室的条件下来控制分子，进而研究分子在温室条件下的形态变化，于是朱棣文便把目光转向了对DNA分子的控制。基于原来技术，朱棣文和他的研究小组发明使用聚焦激光束使得原子束得以弯折和聚焦，从而导致了"光学镊子"的进一步发展。这也成为人类破译DNA密码，治愈心脑血管及免疫性疾病的关键性技术突破。

除此之外，作为世界一流大学斯坦福物理学科带头人，朱棣文的关注目光并不仅仅停留在物理学科的内部，他以独特的科学视角预见，在未来科学中，革命性的突破最有可能是在物理学、生物学、化学等学科的结合点上实现。上世纪末，他开始积极致力于物理学与生物学交叉领域的研究，并与多位其他研究领域的学者一起提出了多学科交叉研究的概念，即后来的"Bio-X"。"Bio"指的是英文单词Biology（生物学）缩写；"X"则是指物理学、数学、化学、工程学等各种自然科学。Bio-X的内涵指的是用新的结构或者方式，引入其他学科的概念来解决生物学科的问题，使得具有不同学科背景的一流人才进入生物学领域展开广泛而深入的合作。这也是朱棣文在获得诺贝尔奖之后，在未来科学研究模式及未来科学发展趋势方面所提出的崭新思想。

五、朱棣文成功带给人们的启示

从朱棣文的身上我们不难看到，科学研究是一条曲折而艰难的道路，若要摘取成功的桂冠必须具备以下素质。首先，对自己所研究的领域要时刻保持投入与好奇的心态。朱棣文投入到科学研究中的最大动力便是他对科学的好奇与无比热爱，也正因为如此，他从未觉得科学研究是辛苦而枯燥的。其次，要不断学习与创新。若要成为一名有创见的科学家，你必须不断尝试探寻适合自己的学习方法以获得有效的学习效果。朱棣文还认为，创新精神是最重要的，创新精神比较强而天资差一点的学生往往比天资强而创新精神不足的学生更能取得大的成就。[6]第三，必须做到足够的执着与自信。朱棣文所发明的激光冷却技术并不是一蹴而就的成果，而是源于他不懈的努力、反复的实验。朱棣文的成功，无疑对众多有志从事科学研究工作的青年学子们有着相当大的鼓舞，科学研究需要的是奉献精神，需要的是一种甘于为人类社会的发展、科技的进步做出奉献的价值观。朱棣文的成功还告诉我们：因为人人都有不同的潜质，每个人的成功道路是不同的。

参考文献

［1］李剑君，曹慧．朱棣文——捕捉原子的诺贝尔奖得主．北京：北京交通大学出版社，2006：28-29，26，63，72．

［2］诺贝尔奖获得者的故事：从"黑羊"到"黑马"（2）．数理天地高中版，2002.9：1．

［3］王勇．朱棣文谈科学研究和个人经历．世界科学．1997，11：6．

［4］杨莹．朱棣文地平凡与伟大．中华儿女，2010，04：39．

［5］郭奕玲，沈惠君．诺贝尔物理学奖1901-2010．北京：清华大学出版社，2012：413．

［6］王渝生．最重要的是创新精神——记著名物理学家朱棣文．人民日报：海外版，2000年7月25日，第7版．

高中综合实践活动创新教育的研究

南阳市第一中学　李鹏岚

普通高中综合实践活动课程是国家设置、地方指导、学校开发与实施的一门必修课程，是普通高中阶段学生学时学分最多的必修课程学习科目内容，对培养学生创新能力、实践能力，促进学生个性特长全面发展非常重要。在20多年的一线教师教育工作、培训研讨交流等工作实践中发现，不少高中还停留在传统的应试高考教育管理模式中，对国家教育部课程改革、院校招生录取政策等内容不了解，一个学校一张课表，教育重点是将学生关在教室，用一种传统应试教育模式教育管理学生，教育管理模式单一、教育思想观念落后，不少学校的实验室、图书馆、报告厅等公共场所没有充分地开放应用，不少学校误导学生只强调重视文化课应考科目，没有正确地引领学生深入落实好综合实践活动创新教育，急功近利的教育行为，看上去取得了眼前应考科目的进步发展，而实际失去的是学生终生成长的创新根基、创新种子、发现美的眼睛。在综合实践活动教育管理实践中发现现状问题，开始对综合实践活动创新教育进行研究实践。

一、研究背景

综合实践活动是普通高中学生三年的必修课程，2001年国家教育部颁发了《基础教育课程改革纲要（试行）》，教基〔2001〕17号文件要求：从小学至高中设置综合实践活动并作为必修课程，每周不少于三节课；2008年河南省实行新课改，河南省教育厅豫教基〔2008〕138号文件、教基〔2008〕530号文件、教基［2008］771号文件、教基［2009］485号文件、教育部教基二［2014］4号文件、2017年国家教育部颁布《中小学综合实践活动课程指导纲要》教材［2017］4号文件等文件，对高中综合实践活动课程的设置、教学内容、教学实施、健全组织、教学管理、教学评价、教师工作量、学生学时学分必修要求、学生综合素质评价等具体内容要求都有明确的指导，河南省教育厅还将教师参与综合实践活动的教学成果评价纳入到中小学教师的职称评定要求中，鼓励更多的教师积极参与综合实践活动课程教学，积极推进河南省综合实践活动新课改。综合实践活动创新教育对学生的创新思维、创新能力、实践能力、创新精神的教育培养非常重要。本课题重点通过行动研究、访谈研究创新课内外教学管理模式，重点加强对高中综合实践活动创新教育课内外教学管理、学分评价认定、成果转化应用进行研究。

二、研究实践过程

（一）认识普通高中综合实践活动新课程

2008年河南省实行了新课改，普通高中课程由学习领域、科目、模块三个层次构成。

高中学生毕业必须达到144分的总学分。其中必修学分为116分，选修学分为28分（有6分从地方和学校课程中获得；其他22学分，学生从国家课程中选修获得）。

学习领域	科　目	必修学分	选修 I 学分	选修 II 学分
语言与文学	语　文	10	根据社会对人才多样化的需求，适应学生不同潜能和发展的需要，国家为满足学生的兴趣、爱好和未来发展的需要，在共同必修的基础上，各科课程标准分类别、分层次设置若干选修模块，供学生选择	学校根据当地社会、经济、科技、文化发展的需要和学生兴趣，开设若干选修模块，供学生选择
语言与文学	外　语	10		
数　学	数　学	10		
人文与社会	思想政治	8		
人文与社会	历　史	6		
科　学	地　理	6		
科　学	物　理	6		
科　学	化　学	6		
科　学	生　物	6		
技　术	信息技术	4		
技　术	通用技术	4		
艺　术	艺术或音乐、美术	6		
体育与健康	体育与健康	11		
综合实践活动	研究性学习	15		
综合实践活动	社会实践	6		
综合实践活动	社区服务	2		

　　2017年国家教育部实行新课改，目前全国普通高中课程实施的统一方案是一个课程标准。普通高中由必修、选择性必修、选修三类课程构成。高中课程开设科目与学分如下：

科　目	必修学分	选择性必修学分	选修学分
语　文	8	0~6	0~6
数　学	8	0~6	0~6
外　语	6	0~6	0~6
思想政治	6	0~6	0~4
历　史	4	0~6	0~4
地　理	4	0~6	0~4
物　理	6	0~6	0~4
化　学	4	0~6	0~4
生物学	4	0~6	0~4
技术（含信息技术和通用技术）	6	0~18	0~4
艺术（或音乐、美术）	6	0~18	0~4
体育与健康	12	0~18	0~4
综合实践活动	14		
校本课程			≥8
合　计	88	≥42	≥14

高中生毕业学分要求：学生完成相应课程规定课时的学习并考试（考核）合格，即可获得相应学分。学生毕业学分最低要求为144学分。其中，必修课程88学分，选择性必修课程42学分，选修课程14学分（含校本课程8学分）

从以上的普通高中必修课程设置中可以了解到，无论是2008年河南省新课改，还是2017年国家教育部颁布的《普通高中课程实施方案》，综合实践活动课程都是必修科目中学分最多的必修科目内容，从教育部各类高等院校招生选拔综合创新人才的重点三条标准中，两条重要的条件支撑内容都在综合实践活动科目内容的基础教育和成果转化应用中，综合实践活动创新教育在教育部各类院校招生选拔创新人才要求中越来越具体，我们普通高中学校教育观念不改变，不能很好地落实好综合实践活动课程，学生将失去很多成长发展机会，得综合实践活动基础教育与成果转化的普通高中学校，一定应在高考的终点。

（二）综合实践活动创新教育如何教

综合实践活动必修课程包括研究性学习、社会实践、社会服务重点科目内容。作为教师首先对综合实践活动基础课程知识、基本流程、课程育人目标等内容要熟悉。在教学上首先要教学生认识了解综合实践活动的基本课程知识，通过课案让学生认识了解综合实践课程教学目标，了解认识研究性学习的基础理论与实践内容、指导学生掌握科学的研究方法，在指导学生学习研究方法、理解研究方法、应用研究方法的过程中，熟练掌握研究性学习基础理论与实践内容，让学生从思想观念上认识综合实践活动课程对自身成长发展的重要性，再到具体行为动作实施，整个过程都要理清教学思路、设定教学目标，在整个教学过程中要教学生综合实践活动科学方法的运用、研究创新能力提高等。学生从综合实践活动理论上认识清楚重要性，才能有行动上的改变和规范认真的落实。

研究性学习活动的内容分别来源于自然、社会、自我三大领域。各个学校学生在老师指导下，要根据自身的素质能力进行研究性学习实践，指导学生认真学习研究性学习内容，掌握科学的研究方法，掌握基本的研究实践流程，大胆创新，进行科学探究实践。

教师指导学生认识研究性学习的类型	
课题研究	观察研究、调查研究、访谈研究、文献研究、实验研究、行动研究、个案研究、知识产权教育研究等研究实践类课题
项目设计	社会性活动设计、科技类项目设计、科技创新、创造发明、创意设计、创意制作等操作类研究实践项目

教师指导学生认识研究性学习选题的途径：教师指导学生根据自己的兴趣、爱好、特长与知识能力基础选择研究内容主题；通过调查活动，在调查研究实践中，发现问题、提出问题、确定研究内容主题；指导学生仔细观察周围的生活，从周围现实学习生活环境中发现问题、提出问题、确定研究内容主题；从网络、电视热门报道的社会焦点问题中寻找可以研究的课题内容；从学生跨学科领域研究学习实践中发现问题、提出问题、确定研究内容主题；从报纸、杂志、书籍等文献资料上发现问题、提出问题、确定研究内容主题；教师发现的身边问题，也可以提供给学生大方向主流文化的问题，让学生关注思考选择确定研究实践主题内容等等。

教师指导学生掌握课题研究、项目设计选题的原则：指导学生在选题内容上必须观点正确，应该具有一定的科学性；学生在选题内容时必须考虑到高中生的研究能力、研究时间等限定的客观条件，学生选题内容应具有可操作性；学生选题内容应具有开放性，给学生留有一定的科学探究空间；在选题内容中允许学生融会贯通，多角度、全方位地认识问题，学生选题应具有一定的综合性；学生选题内容与现实的学习生活结合起来，应联系实际研究实践内容，充分挖掘社会和生活当中的问题，把理论和社会实践紧密联系起来；学生选题内容的切入口不能过大，选题内容要切实可行等等。

（三）综合实践活动创新教育如何学

1.学习研究性学习课程

在课题研究中，课题组长负责整个课题组组织管理工作，组织课题组成员认真做好前期、中期、后期的研究实践活动工作，做好开题报告、中期报告、结题报告的组织管理工作，组织课题组成员制定成员职责，对课题任务进行分工，设计好每一次活动；组织管理好成员，带领成员认真完成不同阶段的研究实践活动内容，及时转化研究成果，申报成果参赛等课题研究实践活动工作内容。课题组成员要听从课题组长的组织管理指导，积极参加课题组的各项研究实践活动，认真完成自己分担的研究实践活动工作，要发扬团队合作精神，认真完成好研究实践活动具体工作任务。

认识课题研究、项目设计选题结组基本过程	
课题组人数	基础课题组每组3～6人分工合作研究实践比较最合适，要参加科技创新类竞赛活动，课题组成员最好在4人以内比较合适
组织形式	研究性学习活动的组织形式主要有三种：小组合作研究、个人独立研究，班级、年级或更大范围的合作研究
发现问题	根据兴趣爱好、个性特长，关注身边的学习生活等问题
提出问题	通过观察发现的问题，提出一个自己最感兴趣喜欢研究的问题
选题论证	从发现问题、提出问题、交流分析论证问题、将问题转化成课题，进行选题结组
选题结组	班级学生每人发现一个问题、提出一个问题，班级负责干部汇总后张贴到学习园地，学生观察研究班级学生提出交流的问题，初步有自己的关注问题目标；班级负责干部在上课前组织好提出问题的学生进行展示交流，提出问题学生展示交流后，班级有3人以上6人以内的学生举手关注学生提出的问题，就可以选题结组，组建新学期课题组，提出问题学生担任学期课题组长，在老师的指导下，开始新学期的课题研究或项目设计研究实践活动工作

教师指导学生整个研究性学习流程			
研究性学习教学指导具体实施设计为以下18个模块，指导学生进行科学探究研究实践			
学期时段	教学过程	教学环节	教学具体指导内容
前　期	提出问题	选题准备	认识课程、学习流程、选题指导、方法指导、方案制订、开题报告
		方案制订	
		开题报告	
中　期	研究过程	研究准备	研究实践、疑难解答、课题管理、过程交流、阶段评价
		研究实践	
		研究分析	
后　期	研究结果	研究总结	结题报告、成果展示、总结表彰、评价认定、成绩上传、成果运用、总结反思
		研究创新	
		收获与体验	

　　小课题大智慧，看似学生一学期研究实践了一个课题研究或项目设计科学探究学习内容，而学生在这个亲身经历的过程中，掌握科学的研究方法，培养了团队合作意识，激发学生创新能力、实践能力，培养了学生综合实践能力，激发了学生创新潜质。学生在课题研究实践中要掌握课题研究基本实施流程，明确研究实践目标，就会顺利组织开展好整个课题研究实践内容，选好课题是成功的一半，在研究实践中选好题后，就要按照实施方案进行，在课题研究实践中培养学生的创新能力、实践能力，培养学生创新思维、科学探究品质。

2.学习社会实践课程

　　社会实践活动是学生高中的必修课程，学生在教师指导下，作为社会成员积极参加校内外各类社会实践活动，在亲身实践体验中得到创新教育。社会实践活动的教学目标重点是培养学生具有关心社会发展、科技进步、人类生存环境的社会责任感；使学生获得直接感受，积累解决问题经验，形成综合思考问题的能力；培养学生认识社会、人际交往、组织协调、实践操作及适应环境等基本能力。社会实践学习内容重点是军训社会实践活动、每日一歌综艺实践、社团活动、科技文化活动、勤工俭学活动、职业体验、参观、考察、调查等社会各行业体验性活动、创新实践类活动，各学校根据学情、校情组织开展各类社会实践活动。学生在教师指导下自觉走出教室，参与社会实践活动，以获取直接经验、发展实践能力、增强社会责任感；学生通过校内外参加社会实践活动亲身体验进行学习，积累丰富的直接经验，增强对自然、社会和自我的责任感，培养学生创新精神、实践能力、自我个性特长发展，促进学生身心健康全面发展。学生值周活动、课程社团活动、各类专题教育活动、校外实践活动等内容为社会实践活动课程学习重点内容；学校根据不同学段进行课程设置，让学生选择实践体验，学生一学期完成1~3个校内主题实践活动进行实践体验学习，完成学校校外组织开展的寒假、暑假1~2个社会实践活动课程学习内容，鼓励学生走向社会、走向自然、走进科学，参与社会、认识社会、理解社会，增强社会责任感和自觉性。

社会实践活动实施过程		
学习时段	社会实践活动具体实施	社会实践活动内容
前　期	社会实践活动准备	选定实践主题、制订实践活动计划、做好实践准备
中　期	社会实践活动过程	参与实践活动、体验实践内容、得到实践教育
后　期	社会实践活动总结	总结活动成果、分享活动心得、管理评价活动

学校在组织实施社会实践活动过程中，制订具体社会实践活动计划，在组织参加社会实践活动之前要对学生进行相关培训，树立正确的社会实践观念，熟悉实践内容，掌握基本的实践技能、方法，学生要学会处理实践过程中的突发事件及安全问题，做好社会实践活动准备工作。在社会实践活动过程中，按照实践活动实施计划进行实践体验，在参与社会实践过程中要按时到达指定地点，认真完成实践内容，在社会实践活动中要注意收集信息，及时记录实践体验，总结社会实践活动内容，与同学分享不同实践体验感悟，参与学校社会实践活动学分管理评价认定；在社会实践活动中培养自身的创新能力、实践能力，增强社会责任感。

3.学习社区服务课程

社区服务是学生在教师指导下，在课内外时间为学校或家庭所在社区提供公益性义务服务。教学重点是关心社区建设，主动参与社区公益活动，培养公民意识、参与意识和主人翁精神；学会现代社会人际交往本领，提高沟通能力，增强团结协作意识；了解社会生活和社会环境，增长从事社会活动所需知识，增强适应现代社会生活能力；学以致用，增强服务社会意识，并在社区服务过程中学习新知识，体验奉献社会的积极情感。教学的主要内容重点是参加社区各类公益活动，宣传教育活动，社区见习活动，参加社区民间传统文化活动、帮贫助困活动等等。学生走出教室、参与社区服务活动，以获取直接经验、提高实践能力、增强社会责任感；通过该学习领域增进学校与社区的密切联系，不断提升学生的服务意识和能力，鼓励学生走向社会参与社会。

社会服务活动实施过程		
学习时段	社会服务活动具体实施	社会服务活动内容
前　期	社会服务活动准备	选定服务主题、制订服务活动计划、做好服务准备
中　期	社会服务活动过程	参与服务活动、体验服务内容、得到服务教育
后　期	社会服务活动总结	总结服务成果、分享服务活动心得、管理评价活动

在社区服务活动过程中，按照服务活动实施计划进行服务体验，在参与社区服务过程中要按时到达指定地点，认真完成服务内容，服务中要注意收集信息，及时记录服务体验，总结社区服务活动内容，与同学分享不同服务体验感悟。参与学校社会服务活动学分管理评价认定；在社会服务活动中培养自身的创新能力、实践能力，增强社会服务意识和社会责任感。

（四）综合实践活动创新教育如何管

学校管不好就教不好，教不好不可能学好，更不可能有丰硕的成果。学校健全综合实践活动管理组织，加强学校、年级、班级综合实践活动管理组织，以规范的管理促进课程规范实施。

1.学校综合实践活动课程教育管理理念

根据国家对普通高中学生综合实践活动的必修要求，结合校情、班情、学情，学校三年对学生课程教育培养规划，每学期校内外和课内外教育的重点课程目标不同；三年不同阶段课内外、校内外的研究、实践、服务都有不同的课程主题学习内容。

综合实践活动课程教育管理理念	
综合实践活动教育理念	我参与　我快乐　我成长！
综合实践活动高中学生三年教育成长规划	走进高中　快乐成长　放飞梦想！
综合实践活动管理理念	人人有事干　事事有人管

2.学校健全综合实践活动管理组织，加强课程规范管理评价

学校领导重视综合实践活动课程的实施，设置综合实践活动管理中心，组织学校各年级实施；学校综合实践活动管理中心组织各年级、班级组建综合实践活动管理委员会、家长综合实践活动管理委员会、社团管理委员会等基层组织，加强对各班级综合实践活动的组织管理实施。

3.学校建全综合实践活动师资队伍建设，加快教师专业化成长

加强学校师资队伍建设，重视教研方法灵活多样，促进教师专业化成长步伐；教师的专业素质和技能水平的高低，直接影响对班级学生的教育效果。

高中综合实践活动课教师类别	
教师类型	负责工作
综合实践活动任课教师	负责班级综合实践活动课程教学、管理的全程专业教师
专业技术指导教师	负责学生课题研究、项目设计等专业技术特长指导
组织管理审评教师	负责学生研究、实践、服务学习过程中的活动组织管理审评等工作

学校师资队伍健全，组建教研群，集中分散教研，坚持每周一节课内理论

实践指导，两节课外操作研究实践活动管理指导；每位老师积极参加学校组织的赛课活动，通过赛课加强教师的专业发展，提高教师教学能力，满足学生综合实践活动学习成长发展的要求。

（五）综合实践活动如何评

综合实践活动学习评价管理中，重视学生知识技能的应用；重视学生亲身参与探索科学探究、创新实践活动中，获得学习感悟和体验；在面向全体学生进行综合实践活动创新教育、综合实践活动组织实施中，要重视主体性原则、探究性原则、过程性原则、发展性原则；重视过程性评价、阶段性评价、终结性评价的基本方法。对学生各类综合实践活动前期、中期、后期不同阶段研究实践的学习进行规范的评价管理，以规范的管理促进课程规范实施。

高中综合实践活动课程等级评价管理认定标准				
时　间	等级评价	语言评价	等级分数	学习内容完成
过程评价（每日、每周）	A	优　秀	5	学生课题组、个人认真完成学习内容
	B	良　好	3	学生课题组、个人较好完成学习内容
	C	合　格	2	学生课题组、个人完成了基础学习内容
	D	不合格	0	学生没有完成基础研究实践学习内容
阶段评价（月评价）	A	优　秀	10	学生课题组、个人认真完成学习内容
	B	良　好	8	学生课题组、个人较好完成学习内容
	C	合　格	5	学生课题组、个人完成了基础学习内容
	D	不合格	0	学生没有完成基础研究实践学习内容
终结评价（学期）	A	优　秀	10	班级学生认真完成学习内容
	B	良　好	8	班级学生较好完成学习内容
	C	合　格	5	班级学生完成了基础学习内容
	D	不合格	0	班级学生没有按时完成基础学习内容

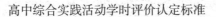

高中综合实践活动学时评价认定标准
根据国家教育部综合实践活动课程指导纲要要求，学生亲自参与综合实践活动研究、实践、服务学习中，学生参与课内外综合实践活动集中、分散累计45～60分钟，累计1个学时
高中综合实践活动学分评价认定标准
根据国家教育部综合实践活动课程指导纲要要求，学生亲自参与综合实践活动研究、实践、服务学习中，学生参与课内外综合实践活动集中、分散累计18个学时达到国家课程要求的评价标准，可获得1学分

（六）综合实践活动如何用

　　学生通过综合实践活动课程的研究、实践、服务学习，在研究学习过程中掌握科学的研究方法，形成科学探究的思维品质。在研究实践、服务中学生学会求知、学会合作、学会交流，积极乐观地学习生活，积极走向社会、参与社会；教师指导学生完成必修学业的同时，指导学生转化各类综合实践活动成果，并且运用成果参加各类综合实践活动课程竞赛，为学生的成长发展、高等院校选拔人才做好准备。学生完成课程的必修内容的同时，培养了创新精神、实践能力，促进了学生的个性特长发展，促进了学生身心健康全面素质的进步发展，综合实践活动课程的学习成果转化和运用，能够为学生的成长发展提供更多的成功机会。

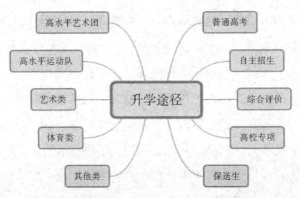

　　教师在综合实践活动课程的教学实践中成长，在参与教学实践中快乐教学、快乐成长，为自己教育成长、职称评定做好充分准备；教师指导学生在进

行课题研究实践中，培养了学生的创新能力、实践能力，促进了学生身心健康全面发展，同时为学生多途径的成长发展创造条件，教师成就了学生也让自己幸福快乐成长！

学校重视综合实践活动课程的有效实施，不仅教学效果质量不断提高，学校的教育管理、校园文化逐步形成特色，学生在创新实践的教育过程中能彻底解决教学管理中的疑难杂症，培养了学生的创新精神、实践能力，促进了学生身心健康全面素质的进步发展，营造了良好校园文化环境，逐步形成和谐文明的良好班风、学风、校风。

学生在研究实践中转化成果，在参加各类综合实践活动成果大赛、登峰杯全国中学生学术科技创新大赛、青少年科技创新大赛、知识产权创意大赛等各类创新成果竞赛中，培养了学生的创新能力、实践能力，为学生成长发展奠基，取得较好的综合实践活动，创新教育效果。

三、研究结论

（一）研究实践总结

通过对高中综合实践活动创新教育的研究，了解到农村、山区、城镇、市区不同层类普通高中综合实践活动实施现状，发现综合实践活动存在的问题，按时认真完成不同阶段的研究实践内容，寻找到了高中综合实践活动解决问题方法；及时整理课题研究资料，在教研活动中展示交流课题研究成果，在教学班级交流分享了课题研究成果，按时完成了课题研究内容。在课题研究实践中，掌握了科学的研究方法，改革了课堂教学，创新了教学模式，从认识综合实践活动课程，在研究实践如何教、如何学、如何管、如何用的过程中，锻炼了自身的研究实践能力，提高了对综合实践活动创新教育的教学能力，创新了高中综合实践活动教学方法、管理评价方法，创新了高中综合实践活动教学形式，改变了传统的综合实践活动教学现状，推动了高中综合实践活动新课改，取得了丰硕的教育成果。学生在研究实践中及时转化成果、应用成果，为学生

的高考降分录取、成长发展创造了条件，取得了较好的研究效果。

（二）创新点

在高中综合实践活动创新教育研究实践中，通过行动研究实践，制定了适合高中成长发展的综合实践活动教育管理理念，改变了传统的综合实践活动教育管理模式，创新了高中综合实践活动教学管理评价方法，创新了高中综合实践教学管理模式，在研究实践中培养学生综合创新能力、实践能力，培养学生自身学科思想、人文精神，促进学生的身心健康全面和谐发展。

（三）收获与体会

在课题研究实践中，掌握了科学的研究方法，增强了自身的创新能力、实践能力，增长了知识，开阔了视野，深深认识到综合实践活动创新教育对学校、学生、教师成长发展的重要性，综合实践活动创新教育改革发展道路虽然艰辛漫长，坚信综合实践活动创新教育明天一定美好，得综合实践活动创新教育基础教育与成果转化应用的学校，一定会赢在高考的终点！

参考文献

［1］中小学综合实践活动课程指导纲要．中华人民共和国教育部制定，2017．

探究河南安阳离奇交通事故中 "黑色轿车"的成因

张怀华　（焦作市第十一中学　河南焦作454000）

一、引　言

2019年7月9日，在河南安阳林南高速公路上发生了一起离奇的交通事故。

从监控视频中可以看到，高速公路上一辆失去控制的白色事故车辆在垂直撞向中央隔离带的过程中，与在超车道上正常行驶的另一辆"黑色轿车"相撞，但是交警在事故现场勘查发现，事故现场只有白色事故车辆，没有被撞"黑色轿车"的任何蛛丝马迹，十分诡异。

这起项离奇的交通事故被大河报[1]首发，经人民日报微信公众号和新华社微信公众号转发之后，阅读量超过2300万，留言超过4.5万条，还连续两天上热搜，引发了巨大的社会反响。

那么，人们在监控视频中看到的被撞"黑色轿车"是怎么一回事儿呢？

二、理论分析

原来，在交通事故发生时，正在下大雨，路面积水较多，在事故车辆前方刚刚驶过的大货车扬起浓浓的水雾。在事故车辆后方正常行驶的车辆的灯光照射到事故车辆上，其反光经过水雾中的大量水滴折射、反射、再折射后，平行射出，射入摄像头，摄像头就拍摄到了事故车辆的像。

（一）摄像头能摄到事故车辆的清晰的像的条件

理论上讲，事故车辆的反光经过水滴折射、反射、再折射后，只要能射入摄像头，摄像头就能拍摄到事故车辆的像。

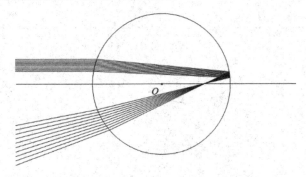

图1　从水滴中射出的光线发散的情形

但是，考虑到摄像头距事故车辆很远，如图1所示，如果从水滴中射出的光线是发散的，光强随着距离的增大而迅速减弱，摄像头拍摄到的像将十分暗淡；如图2所示，如果从水滴中射出的光线是平行的，光强不随距离的增大而减弱，摄像头拍摄到的像才会十分清晰。

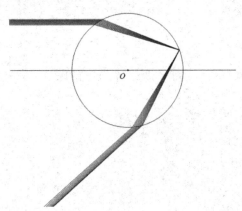

图2　从水滴中射出的光线平行的情形

（二）光线从水滴中平行射出的条件

由于水滴很小，从事故车辆上任一点发出并照射到水滴表面的光可视为平行光。

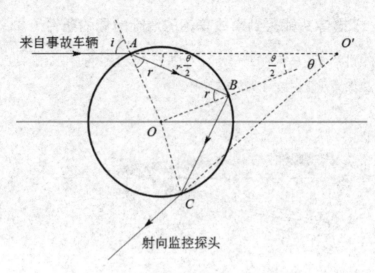

来自事故车辆

射向监控探头

图3　光线在水滴中的传播示意图

如图3所示，设事故车辆、水滴、摄像头三者所夹角度为 θ，入射角为i、折射角r，则i、r和 θ 的关系为

$$i = 2r - \frac{\theta}{2} \tag{1}$$

由光的折射定律可知

$$\frac{\sin i}{\sin r} = n \tag{2}$$

由（1）（2）式可得，事故车辆、水滴、摄像头三者所夹角度为

$$\theta = 4\arcsin\frac{\sin i}{n} - 2i \tag{3}$$

对（3）求导，可得

$$\frac{\mathrm{d}\theta}{\mathrm{d}i} = \frac{4\cos i}{n\sqrt{1 - \frac{\sin^2 i}{n^2}}} - 2 \tag{4}$$

令（4）式等于零，可得光线平行射出小水滴时的入射角为

$$i = \arcsin\sqrt{\frac{4 - n^2}{3}} \tag{5}$$

由（3）（5）式可得，当出射光线平行时，事故车辆、水滴、摄像头三者的夹角为

$$\theta = 4\arcsin\sqrt{\frac{4-n^2}{3n^2}} - 2\arcsin\sqrt{\frac{4-n^2}{3}} \tag{6}$$

已知水的折射率为$n=\dfrac{4}{3}$，则由（6）式可得，当光线从水滴中向外平行射出时，事故车辆、水滴、摄像头三者所夹角度 θ 为42.03°。

当事故车辆、水滴和摄像头连线夹角为42.03°时，事故车辆的反光经水滴折射、反射、再折射后，射入摄像头的光线为平行光线，能量集中，摄像头能够拍摄到事故车辆的清晰的像。

（三）事故车辆横向运动而被撞"黑色轿车"正常行驶的原因

依据上述分析，根据光的折射和反射定律，在几何画板中软件可以还原出交通事故发生前一段时间内的光学成像过程。

如图4所示，由模拟动画可以发现，在事故车辆、水滴和摄像头夹角恒定且为42.03°的条件下，在事故车垂直撞向中央隔离带的过程中，事故车辆的像恰好位于快车道上，并沿着快车道运动。像的运动与事故车辆的运动保持同步，并最终与事故车辆重合。

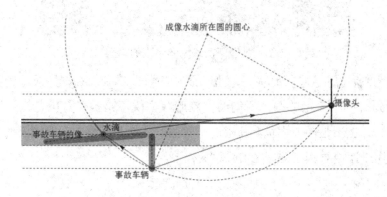

图4　事故还原示意图

（四）视频中被撞击飞出的"轮胎"找到

有网友仔细观察监控视频后，提出质疑：发现事故车辆撞击中央隔离带的时候，有两个圆形的"轮胎"被撞飞了，进入了另一侧的车道，另一侧的汽车为了规避危险，还有明显的躲闪动作。这两个"轮胎"显然不是事故车辆的，那一定是被撞"黑色轿车"上的。

还有网友提出自己的假设：有可能是前方大货车上滚落的两个"轮胎"沿着车道向前滚动，事故车辆规避"轮胎"打滑失控，与"轮胎"发生撞击，将"轮胎"撞击到了对面的车道。

为了进一步澄清事实，笔者分别联系了最先报道此条新闻的大河报记者高志强和勘察此项事故的警官喻文勇，并从喻警官那里查到了第一手资料。

图5 被撞断的松树和飞出的树冠

如图5所示，从喻警官提供的现场照片中可以看到，在视频录像中看到的被撞击到对侧车道上的两个所谓的"轮胎"，既不是被撞"黑色汽车"上的"轮胎"，也不是前方大货车遗落的"轮胎"，而是被事故车辆撞断的中央隔离带上用于遮挡对侧车辆灯光的松树的树冠。

（五）白色事故车辆形成黑色的像的原因

既然被撞"黑色轿车"是白色事故车辆的像，那么它的像为什么是黑色的呢？

认真观察监控视频就能发现，沿着快车道正常行驶的被撞"黑色轿车"的车身轮廓与白色事故车辆侧面的黑色窗户和黑色前挡风玻璃的轮廓是一致的；被撞"黑色轿车"的车头轮廓与白色事故车辆前方的黑色散热格栅的轮廓是一致的。仔细观察被撞"黑色轿车"的外围，还能看到白色事故车辆车身轮廓的不太明显的像。

人们在监控视频中看到的所谓的被撞"黑色轿车"，其实是白色事故车辆身上的黑色部分的像。

三、结　论

这件诡异的交通事故的真相是：白色事故车辆撞上了自己车身左侧的黑色玻璃、黑色前挡风玻璃和车头前方的黑色散热器格栅经过水滴折射、反射、再折射平行射出后，进入摄像头，被摄像头拍摄到的像。

参考文献

［1］高志强. 监控：辆车相撞！可现场只有一辆车？［N］. 大河报，2010-08-01（A1-10）.

机器人教育培养学生创新能力的实践与研究

郑州市第十二中学　王　飞

随着信息技术、计算机软硬件技术、计算机网络技术、生物技术和新材料技术的快速发展，机器人技术也将进入一个飞速发展阶段，届时，人类将全面进入以机器人为代表的智能时代。要想与时俱进，赶超世界先进水平，就需要普及和学习机器人技术。目前，国内经济发达城市逐渐开始重视机器人教育，并把机器人教育纳入到中小学课程。如：北京、上海、广东、深圳等地。而在经济相对落后地区，机器人创新教育项目的参与度普遍较低，机器人教育发展很不均衡。以河南为例，中小学开展机器人教育的学校一般多位于省会城市郑州，并且多依托一些有兴趣爱好、有学科特长的学生开展活动，辐射面相对较小。在高中阶段，由于学生学业繁重，又面临高考的压力，对开展机器人教育增添了不小的阻力。怎样在高中开展机器人教育教学？怎样将机器人教育推广出去？在我国还没有研究成果可以应用和借鉴，因此我们只能在摸索中前行。

一、我校机器人教育开展的基本情况

从2010年初，我校就组织学生以小组的形式开始进行机器人创作，学校购买乐高机器人设备1～2套，并安排1名电教教师作为兼职辅导员，参与制作机器人的学生仅为2～3人，也没有固定的场地开展活动。为了让更多的学生能够了解智能机器人并参与进来，在2012年秋季，学校成立机器人创新社团，喜欢机器人制作的学生越来越多，相关器材由原有一种逐渐丰富起来，如：中鸣教育版机器人、BOTBALL机器人、未来伙伴能力风暴机器人等。辅导教师也由

3名教师担任，其中，计算机专业教师1名，其他学科教师2名。随着学校新教学楼二期工程的投入使用，机器人社也有了专门的活动教室——智能机器人教室。功能齐全、设施先进的机器人实训场地的建立，为学生学习探究机器人提供了良好的学习环境。

学校非常重视机器人教学师资培训工作，先后多次派出教师，前往上海、广东、珠海等地参观、学习先进的机器人教育模式，并鼓励辅导教师带领学生参加关于机器人创新的各类比赛。参与制作机器人的学生也由原来的二三人增加至几十人。截至目前，我校现已经制作出了魔方机器人、迷宫机器人、BOTBALL工程机器人、智能机械手臂、针式打印机器人、智能人型机器人等多种机器人，并在全国、市、区各级各类比赛中取得喜人成绩。辅导教师也逐渐成长为省级、国家级比赛裁判，积累了丰富的经验。

功能齐全、设施先进的机器人实训场地的建立，为学生学习探究机器人提供了硬件；经验丰富的辅导教师，兴趣浓厚的学生，为学校开设机器人教育提供了软件。硬、软如何有效结合，如何以机器人教育为平台，培养学生的创新能力，这是我们一直研究的问题，仅仅依托社团开展的各类活动是远远不够的，为此，2013年8月，结合学校实际，机器人创新社开发出校本课程《造梦的机器》，积极地在全校范围内推广机器人教育，强化科技育人的特色，提升学生动手操作能力、科技创新能力、分析解决问题的能力，使学生能够在高中阶段就储备一些机械工程思维，自动化控制理论，为升入高等学府后的专业选择拓宽路子。

二、我校开展机器人教育的具体做法

我校根据机器人教育的要求和学生特点，以素质教育的深入开展为契机，以提高学生的思维创新能力和动手操作能力、培养学生的科技素养为宗旨，努力构建适用于高中生的机器人校本课程，开展面向全体学生的机器人知识和技术普及教育，进而形成一套科学、实用，受学生欢迎的机器人教学模式，为推动学校机器人教育向更高更深层次发展奠定基础。

（一）以兴趣爱好为基础，引导学生主动走近机器人

"兴趣是学生最好的老师"，在智能机器人实践活动中，我们发现很多学生对其有着强烈的兴趣，但都因"没有专业知识""从未接触过""那是很遥远的东西"为借口，而对机器人望而却步。为此，做好推广，让有兴趣的学生能够主动走近机器人，我们做了多方面的尝试：首先，成立社团以点带面。学生社团是一群有着相同爱好的学生能够实现自己理想的有效平台，在社团这个大熔炉中，学生既可以学习本领，增长知识，锻炼技能；还可以开阔眼界，经受磨炼，长硬翅膀。为此，每年的社团招新，机器人创新社都会利用各种媒介进行宣传，如：宣传海报、宣传展板、校园网、教育信息网等，同时利用学校电子屏现场展示社团特色活动实况及与外校切磋技艺的场景，诠释了机器人并不是遥不可及的，吸引了大量学生围观，此做法也引得很多学生积极报名参加机器人社团。从每年骤增的趋势来看，机器人已经从原来少数人爱好，扩展到多数人向往，这为机器人教育的推广奠定了基础。再者，举行创意大赛提升认识。"只有学霸才能创作出机器人"这种片面认识也是我们接触学生中出现最多的。为此，社团每年会组织一次电脑机器人比赛活动，活动由社团举办并制订比赛规则，赛后参赛同学需要对自己的机器人作品的设计思路进行阐述。2013年，在全校范围内举行了一次助残智能机器人比赛，学生们积极踊跃参与，征集到设计稿20余份。其中两位同学将自己的设计《智能助残轮椅》用中鸣机器人配件搭建出来，进行编程赋予机器人以生命，前进、后退、平躺、报警等功能，实现了智能助残，并在郑州市机器人创新比赛中荣获一等奖。两位学生的文化成绩均属于中等，由于"同伴效应"的影响，很多学生摒弃这种片面认识，踊跃加入机器人创作的队伍中。从此，这个项目也成为广受欢迎、最具人气的学校文化活动之一。

（二）以校本课程为预期，从机器人竞赛训练到普及教育

任何一项内容的学习，紧靠兴趣根本不能使其长久。我们要做的任务就是让机器人教育从竞赛培训逐步转向校本普及教学，让机器人教学走进课堂，走近所有的学生。让更多的学生都能够学习到机器人的知识，从而可以促进学校

机器人教育的发展。2013年秋季，辅导老师基于《基础教育课程改革纲要（试行）》，基于社团活动和学生的认知特点，选用中鸣公司的《跟大鸣一起学习机器人》、BOTBALL国际机器人等大赛参赛资料作参考，整合平时上课教案和相关材料开发出校本教材《造梦的机器》，并按照课时计划，循序渐进地开展教学。通过学习，更多的学生了解了机器人搭建的基本工程原理、机器人程序的编制规则和简单"C语言"的编程技巧。

（三）以比赛项目为抓手，培养学生的创新思维

随着科技的迅猛发展，机器人技术也在飞速发展，如何让机器人教育也做到与时俱进，除了对校本课程的教学内容和教学方式进行调整完善外，更多的是要让学生的创新思维和创新能力不断提高。为此，我们提出以机器人应用为目的，结合省、市、国家级比赛项目，让学生以小组为单位，自由结合，进行分析、研究、设计、组装搭建机器人，并编制程序，反复进行调试，直到完成比赛。这个过程，不仅大大增强学生的创新意识、动手能力、分析和解决问题的能力，同时也增强了学生的抗挫能力和团队协作能力。到目前，学生们自己开发制作的机器人已达十多项，如：迷宫机器人、BOTBALL智能工程机器人、智能机械臂、魔方机器人、智能人形机器人、智能助残轮椅等，这些项目在国家级、省级、市级机器人比赛中屡创佳绩。

（四）以学科整合为途径，培养学生综合素质和实践能力

机器人教育融合了机械、电子、传感器、计算机软件、硬件、造型技术和人工智能等众多先进技术，同时也涉及数学、物理、英语、化学、生物、美术、语言等多个学科领域。为促进学生做到知识的横向衔接，结合新课改要求，在机器人教学中，我们与研究性学习相结合，按照任务驱动、创意设计、课题研究、实践探究等形式开展研究性作业、探究性学习活动，使智能机器人走进学生的学习和生活，为学生搭建了创造和发展的平台。如学生在制作机器人创意作品"智能助残轮椅"时，选题确定后，制定项目说明书、绘制设计图纸、对选题进行可行性分析，任务节点等，用研究性学习的方法自主探究学

习，制作创新作品。

为了更好地印证机器人教育与研究性学习相结合能更有效培养学生的综合素质和实践能力，2014年暑假，我们在全校范围内招募成员开展"机器人极限学习活动"。在活动中，我们限制时间、设置任务，让学生以完全独立自主的方式完成。学员在拿到任务后，随机分为两组针对任务，通过问题探究、小组合作等方法，配合完成团队LOGO的设计、创意宣传片、项目管理说明、机器人搭建、机器人走出迷宫等多个任务。在这个过程中，通过查找资料、自学、合作探讨等方式在三天的时间里让零基础的学生学会了Photoshop的使用、纪录片的制作，逐渐形成了编程的思想，掌握了程序设计方法，了解了传感器知识和各部件的控制方法。这一活动的开展在学生中引起轩然大波，他们认为"这种学习方法不仅让我们熟练掌握计算机，同时也让我们在探究学习的过程中有效整合了所学知识"。这里面涵盖了计算机知识（C语言、Photoshop、word、PowerPoint、LOGO设计、视频剪辑等软件的应用）、物理知识（左手定则、右手定则、机械构造）、数学知识（函数、积分）、美学知识（设计、绘图）等，这种多学科的综合性、合作性学习，极大地激发了学生的学习兴趣，有效地培养了学生的策划设计能力、创新思维能力、逻辑推理能力、解决问题的能力。

三、我校开展机器人教育活动以来取得的成绩

实践证明，在高中阶段实施机器人教育能有效培养学生创新能力。经过近几年的努力，我校机器人活动初步取得了一些成绩。

2012年5月获得河南省第12届青少年机器人大赛综合技能项目二等奖；2013年4月获得郑州市机器人大赛轨迹赛项目一等奖和二等奖（该项目荣誉获得者在2014年高考考入北京师范大学）；2013年5月荣获河南省第13届青少年机器人大赛综合技能项目冠军，并获得代表河南省参加全国赛的资格；2013年7月荣获第13届全国青少年机器人大赛综合技能项目一等奖（成绩为全国第五名，该项目荣誉获得者在2014年高考中考入北方工业大学自动化控制专业）；2013年4月荣获郑州市第20届创新大赛机器人创意赛项目一等奖；同月荣获河南省第14届青少年机器人大赛综合技能项目冠军，并再次获得代表河南省参加

全国赛的资格；同时荣获机器人快车轨迹赛项目一等奖两个、二等奖一个、三等奖一个；2014年5月荣获BOTBALL国际机器人大赛中国区域赛联队赛季军；2014年7月我校代表河南省参加第14届全国青少年机器人大赛，并荣获二等奖（全国第七名）。2015年7月和2016年我校机器人代表队代表河南省参加第十五届和第十六届中国青少年机器人竞赛连续两年荣获综合技能项目高中一等奖。2017年荣获第十七届河南省青少年机器人竞赛一等奖；2018年获全国中小学信息技术创新与实践活动机器人比赛项目二等奖；2019年2月获Robrave 亚洲公开赛高中组超级循迹赛冠军；5月获得第十九届河南省青少年机器人竞赛高中组机器人综合技能比赛一等奖；7月荣获第二十届全国中小学电脑制作活动机器人竞赛，高中组BOTBALL竞赛三等奖。

四、我校在开展机器人教育活动中的困惑与对策

（一）没有合适的教材

虽然我们已经开设有《造梦的机器》校本课程，但教材质量并不高，多为"产品说明书"或"用户指南"式的，缺少课程与教学专家的参与和指导，很难适应教学的需要。经过一段时间运用，不难发现教材的通用性、启发性和可操作性都有待进一步提高。

（二）课时设置少，活动队伍不稳定

由于机器人还没纳入正常的课堂教学，只能通过社团课形式开展，社团课每周仅为一节，而且随意性很大，一旦有学生大型活动（考试、集会等），社团课往往被占用，活动时间没有保障。同时，我们开展活动的目的之一也是要学生能够多参加比赛，有施展的平台，这些学生在取得成绩后，有的退出社团活动，有的则只是抱着玩一玩的心态，时来时不来，人员不易固定。为了解决活动时间少的问题，我们专门把机器人活动放在休息时间，使兴趣活动能够得以顺利开展。

（三）学生学习习惯，有待进一步改善

在实践过程中我们不难发现，学生非常渴望去创造一些新东西，愿意去验证一下自己已经掌握的知识，去熟悉老师在课堂上讲的内容。但是，真正把实验设备交给他们了，又发现他们无从下手，好多学生都不知道该如何进行操作，不敢独自动手操作。这是高中学生的通病，学生从小学一直到高中，所接受的一直是中国传统的包办式的教育，虽然这些年我们国家一直在进行课改，提出把时间真正交给学生，但高考这个指挥棒使得好多教师难以真正放手，让学生成为课堂的主人。所以，学生到高中阶段后，越发没有了自主，对教师的依赖性越来越强。而且，这种依赖性在文化成绩好的学生身上更加突出。学生总是问："老师，下面我该做什么？"他们从来没有自己去思考一下：下面自己该做什么，遇到困难了该如何去解决。

（四）设备的配备较少，不利于普及机器人教育

"工欲善其事，必先利其器"，要想在学校大范围推广机器人教育，需要购买机器人器材和配备活动场地等，机器人设备多价格昂贵，且更新换代较快，同时，根据比赛内容和场地不断变化，对其投入不是一次性的，而是持续性的，对于学校来说是一笔不小的开支。这也是制约机器人教育发展的因素之一。

实践证明，开展机器人教育，为学生提供了一个自主、协作与创新的平台。在学习编程和操作实践的过程中，有效地提高了学生的逻辑思维和判断、动手、观察、思考等多方面的能力，在充分培养学生兴趣的基础上，学生轻松掌握了课外知识，切身体会到了编程的乐趣。这种以寓教于乐方式开展的教育活动，更能有效地提高学生的创新能力和综合实践能力。相信在大家的努力下，机器人创新教育必将在培育创新人才方面发挥积极的作用。

中小学综合实践活动课程开发与实施的方法

河南省济源产城融合示范区轵城实验小学　赵鹏军

综合实践活动课程，是落实立德树人根本任务的有效载体，是培养学生创新精神和实践能力的重要举措，是大教育观、课程价值观在课堂教学中的具体体现。根据教育部《国家中长期教育改革和发展规划纲要（2010—2020）》《中小学综合实践活动课程指导纲要》，以及中国学生发展核心素养等有关精神，积极探索中小学综合实践活动课程开发与实施的方法，能有效推动教师的专业发展，培育学生的核心素养，促进学生的全面发展。

一、中小学综合实践活动校本开发与实施的重要意义

（一）有利于落实"立德树人"的根本任务

党的十八大提出"把立德树人作为教育的根本任务，培养德智体美劳全面发展的社会主义建设者和接班人"以来，习近平总书记多次围绕坚持立德树人根本任务进行论述。习总书记于2019年3月18日上午在北京主持召开学校思想政治理论课教师座谈会并发表重要讲话，他强调落实立德树人的根本任务，要扎根中国大地办教育，同生产劳动和社会实践相结合，加快推进教育现代化、建设教育强国、办好人民满意的教育，努力培养担当民族复兴大任的时代新人，培养德智体美劳全面发展的社会主义建设者和接班人。作为学校教育工作者，落实好"立德树人"的根本任务，关键是"课程育人"，综合实践活动课程是培养能够担当民族复兴大任时代新人的有效载体。

（二）有利于全面深化课程改革

2001年6月，国务院转发教育部《基础教育课程改革指导纲要（试行）》，指出"小学至高中设置综合实践活动并作为必修课程"，课程含研究性学习、社区服务与社会实践、劳动与技术、信息技术教育四个指定教学领域。2017年9月25日教育部印发《小学综合实践活动课程指导纲要》，指出："综合实践活动是国家义务教育和普通高中课程方案规定的必修课程，与学科课程并列设置，是基础教育课程体系的重要组成部分。""该课程由地方统筹管理和指导，具体内容以学校开发为主，自小学一年级至高中三年级全面实施。"由此可见综合实践活动课程的实施在基础教育改革中占据着重要的作用。

（三）有利于促进师生全面发展

综合实践活动课程具有自主性、实践性、开放性、整合性、连续性等特点，其全新的教育理念富有时代感。此课程的实施适应中高招制度的改革，使基础教育回归学生的生活，使学生的学习与社会生活、自然紧密联系。学生是课程的活动主体，师生通过在自主选题、小组合作、探索体验、实践创新、自主评价的过程中学会交流、学会合作、学会学习、学会生活、学会创新，树立自尊自信的良好品质，全面提升综合素养，也有利于教师改变传统的教育方式，提高个人的专业水平，以适应新时代教育的要求。

（四）有利于丰富学校课程体系

笔者走访了全省18个地市近400余名教师，经过全面调研与分析，发现：综合实践活动课程，虽与学科课程并列设置，是基础教育课程体系的重要组成部分，但受师资紧缺、教育观念滞后等因素的影响，再加上目前教育评价机制与新课程精神不符，教师的专业发展水平还有待于提高等原因，导致多数学校的课程没有开齐开足。综合实践活动课程是一门经验性、实践性、生活化的课程，突破学科界限，密切学生与自然、社会、生活的联系，符合开足开齐国家必修课程的基本要求，丰富和完善了学校课程体系，能更好地落实"立德树

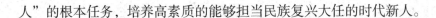

人"的根本任务，培养高素质的能够担当民族复兴大任的时代新人。

二、中小学综合实践活动校本开发与实施的理论依据

（一）《中小学综合实践活动课程指导纲要》课程要求

综合实践活动课程由地方统筹管理和指导，具体内容以学校开发为主，自小学一年级至高中三年级全面实施。这就给予学校极大的活动开发与实施的空间，为实施课程提供了便利与可能。在课程开发与实施的过程中，要以《纲要》为指引，贯彻课程理念：① 课程目标以培养学生综合素质为导向；② 课程开发面向学生的个体生活和社会生活；③ 课程实施注重学生主动实践和开放生成；④ 课程评价主张多元评价和综合考察。落实课程目标：① 价值体认；② 责任担当；③ 问题解决；④ 创意物化，深化课程的育人功能。

（二）陶行知"生活教育"理论

陶行知老先生的"生活即教育""社会即学校""教学做合一"构成生活教育完整的理论体系，就指学校的教育教学要与学生的自身生活、社会生活等密切联系，而综合实践活动的课程设计，尤其是研究性学习（考察探究）是从三个维度设计活动，即① 学生与个人生活，② 学生与社会生活，③ 学生与自然生活，带领学生在更为广阔的学习空间中学会学习、学会生活、学会合作、学会做人。综合实践活动选择的内容就是面向学生熟悉的生活设计活动，去考察、探究、实践、反思、感悟，在活动中学习，在反思中成长。

（三）布鲁纳"发现学习"理论

布鲁纳认为：学习就是认知结构的组织和重新组织。在综合实践活动课程的开发与实施过程中，坚持以问题为导向，学生学习什么、怎样学习、学习的时间都由学生自己决定，学生可以按照自己的兴趣选择活动的内容。在明确活

动目标的前提下，学生自己去寻找问题的答案。问题解决的过程就是学生在活动中认知重组的过程和价值体认的过程。

（四）皮亚杰"建构主义"理论

建构主义理论强调情境在学习中的作用，皮亚杰认为，知识不是通过教师传授得到的，而是学习者在一定的情境中，借助他人（教师、学习伙伴等）的帮助，利用学习资源，依据学习载体，通过意义建构的方式而获得。而综合实践活动的学习方式就是提倡学生以小组合作的形式，在丰富多样的情景中，借助学习资源，获得丰富的体验，进而深度学习，不断成长。

三、中小学综合实践活动校本开发与实施的方法

综合实践活动课程，作为国家基础课程的重要组成部分，它和语文、数学这些课程一样，被纳入了国家课程体系。但它又区别于这些学科，那就是没有现成的教材可用，国家管理、地方指导、学校实施，校本开发势在必行，这就需要教师必须具备较高的课程开发、设计能力和实施能力。更需要学校行政领导、教科研、教务、后勤通力合作才能完成课程的校本开发与实施。

（一）组建课程团队，完成课程架构

1.建章立制，部门协调

学校根据实际，制定相应的规章制度，如评比制度、奖励制度，对实施综合实践活动课给予政策支持和制度保障，完善组织机构，明确部门职责，协调教务、德育、科研、后勤的关系，通力合作，切实保障综合实践活动课程的有效实施。

2.内研外训，培养团队

强化区域教研，建立教师联合研究机制。教育行政部门要组建综合实践活

动骨干教师，成立学科工作坊，定期开展主题研修活动；同时派优秀骨干教师走出去学习、交流，切实激发教师的研究热情，加快教师专业发展步伐。

学校要加强同教育行政部门的联系，争取支持，鼓励综合实践活动专兼职教师积极参加校内、校际间的观摩、研讨、交流活动；委派骨干教师深入高校参加国培、省培学习，向同行学习实践经验，向专家学习先进的课程理念，提高教师团队成员的课程理解、设计与实施能力，打造一支高效的教师团队。

3.实践积累，课程建模

引领教师通过自主学习、交流研讨、反思感悟等方式，丰富教师的学科理论知识，提升教师的学科研究能力；分析教师的学科知识结构、类型和水平，为综合实践活动教材的开发与实施奠定理论基础。教师在课程开发与实施中，围绕综合实践活动课程回归生活、立足实践、着眼创新、面向开放的本质特征，不断充实活动内容，形成相对成熟的课程体系（三个维度、四个领域），鼓励教师采取集中和分散相结合的活动方式，科学合理地规划每学年的课题实施，努力实现四大课程目标，即：价值体认、责任担当、问题解决、创意物化，有效保证学校综合实践活动课程的常态化实施。

（二）确定研究主题，有效开展活动

教师依据教育部《小学综合实践活动课程指导纲要》附件部分推荐的选题指南和省市基础教研室推荐的"资源包"，设计、开展教学活动，以研究性学习为主导，引导学生在自身生活和社会生活中生成研究课题，在探究活动的过程中获得丰富的体验。

1.分解大课题，精细实施

从学科本质和知识结构出发，积极探索、开发适合校情和学情的综合实践系列主题活动，如：人与自然、人与社会、人与自我等，构建具有学校特色的系列活动主题，丰富、完善综合实践活动课程体系。

在设计研究性学习的主题活动时体现学生和教师的自主性，教师面对"热爱家乡"这个开放性的大主题，不同的教师和不同的研究小组，设定的研究内容不同，呈现的成果会精彩纷呈。例如，《谁不说俺家乡好》可以从本地的风景名胜、文化名人、居住环境、交通通信等4方面的变化去感悟家乡的美丽；《品味家乡美食》可以从研究本地的特色美食切入，感悟家乡的饮食文化，从而培养学生知家乡、爱家乡的情感；可以从《黄河明珠——西滩岛的历史变迁》切入，通过考察、探究西滩岛的历史变迁，去感悟革命老区人民为支持国家重点工程小浪底的建设，舍小家为大家的家国情怀。学生会在多样的情景中去感悟、体验，从而落实价值体认，培养他们的家国情怀。

2.关注健康，系列实施

学生的健康生活、自然环境的保护，都是教师和学生研究的课题，如：《保护眼睛》《拒绝二手烟》《牙齿健康　笑容绽放》《交通与安全》这些研究课题都与学生的健康生活密切相关；《废物价值新发现》《泥土河水质污染现状调查》《校园植物探究》《保护环境，减少生活垃圾》这四个研究课题都与环境保护密切相关。在活动中使学生更加关注自我、保护自然，做到人与自然和谐相处。

3.弘扬文化，多维实施

传统节日：春节期间，围绕"欢欢喜喜过大年"这个主题，不同学段的教师和学生，研究的内容各不相同：高年级研究小组成员探究春节习俗、压岁钱的知识，中年级研究小组成员制作花式年馍、水果拼盘，低年级孩子们动手剪窗花。设计端午节、中秋节主题活动时，教师可整合语文、历史、音乐、美术、戏曲等学科资源，设计《我们的端午节》《快乐的中秋》《爱在重阳》等主题活动，引导学生在活动中感悟、传承、弘扬中华民族优秀传统文化。

非遗传承：《纲要》有个"推荐活动主题"《我是非遗传承人》，河南作为文化大省，省级非遗项目409项，覆盖全省18个地市，有：民间文学、民间音乐、民间舞蹈、民间戏曲、曲艺、民间手工艺、民间杂技等，学校可利用当地丰富的文化遗产开发校本课程，如《传统戏曲进校园》《我是非遗传承人》《黑陶泥塑课程》《探访三彩小镇，追寻大唐遗风》《二里岗文明与殷墟文明之比较》《天坛砚的传承与保护》等。学校可以充分利用社会资源，邀请非遗文化传承人、文艺工作者到校兼任指导教师，根据学生的年龄特点和生活、知识经验选择活动内容，研究当地的优秀传统文化，对孩子们进行中华优秀传统文化教育，落实习近平总书记提出的"四个自信"中的"文化自信"。

（三）提炼基本课型，提升教师课程实施能力

学校鼓励教师积极探索，强化课程资源的开发和利用，通过教研团队、学科工作坊等途径，指导教师提升课程反思能力，依据不同的研究课题，及时总结、提炼基本课型，形成相对固化的课题实施流程，为同类课题实施提供案例和借鉴。教师必须熟练掌握综合实践活动课程实施的8种基本课型：主题生成课、方案制订课、方法指导课、实践操作课、阶段交流课、信息整理课、成果展示课、总结评价课。教师根据活动主题和实际需要选择不同的课型，更好地为主题探究服务，提升活动的实效。

（四）整合课程资源，优化课题实施方式

学校根据教师和家长资源优势，整合学科资源，设计课程方案，探索符合校情和学情的综合实践活动实施方法，开发校本课程，例如：《牙签建塔》《扑克牌搭建》等设计制作课，体现了科学、技术、科技、数学、艺术等学科的深度融合；《神奇的0.618》引导学生探究黄金分割在绘画、建筑、生活、自然界的应用，鼓励学生大胆实践，以技术为载体，用科学知识解决生活中的问题。高中学段在综合实践创客融合的课程开发时要注意以下几点要求：（1）避免机械模仿。我们在实施的过程中，学生不能仅限于按研发企业或机构提供的成熟案例，要利用现有的设备，按照操作程序，完成一个项目的任务。（2）鼓励创新。在专业老师的指导下，融合数学、物理、化学、信息技术学科内容，开发设计符合学生年龄特点具有校本特色的课程。（3）注重知识拓展，不能仅限于书本知识和已有经验，对我拓展，如：空气动力学、电子力学、工程学。这样能培养学生的自主学习能力。引导学生主动运用各学科知识分析解决实际问题，使学科知识在综合实践活动中得以延伸、重组与提升，培养他们的科学创新能力。

（五）挖掘社会资源，丰富学生探究体验

利用当地丰富的人文、自然等课程资源，开发研学旅行课程。例如：河南省济源市轵城镇实验小学研学旅行课程规划了品中原文化、赏美丽乡村、访高新产业、探实践基地、博物馆五大类课程。先后实施了《古轵文化之旅》《追寻红色记忆，传承革命精神》《探寻愚公移山路，弘扬时代新精神》《济水探源》《访美丽乡村——花石村》《走进济源市综合实践基地》《走进洛阳博物馆》《走进河南省博物馆》《走进中国文字博物馆》等研学课程，带领学生走进大自然，走进社会，以学生调查、研究、观察、体验、实践、反思为主，培养了学生的创新精神和实践能力。

带领学生走进政府机关、厂矿企业、文化场馆、高新产业区、美丽乡村、高端住宅小区等，通过考察、探究、参观、访谈等形式，搜集、整理出丰富的活动资料和研究材料，总结阶段呈现了丰富的研究成果，完成综合实践研究手册，展评省市级报刊发表的活动感悟、图片和视频资料，培养了学生责任担当、实践创新等核心素养，促进自主、合作、探究等多种学习方式在学科课程中的推广和运用。

（六）探索多元评价，提升课程实施效果

教学评价是课程实施中的重要环节，科学、客观、公正的评价对综合实践活动起着重要的导向和激励作用，同时也对学生认识自我、建立自信起着良好的作用，更能促进学生的全面发展，提升课程的实施效果。

《纲要》要求在综合实践活动的评价环节，多采用质性评价少采用良性评价，通过对课程广泛细致地分析，深入理解，进而从参与者的角度来描述课程的价值和特点。评价是为了增强课程规划的有效性，并使参与的每一个人受益，而质性评价把学习理解为促进评价的开展，会把它作为讨论、决策、行动的资料来源。在课程实施过程中建立起一套较好的评价方法：评价主体是活动的参与者，是学生、教师、家长，评价原则坚持方向性、指导性、客观性、公正性。

目前综合实践活动课程的评价趋势有三个特点：①突出发展导向；②做好

写实记录；③建立档案袋。评价的方式多采用：①学生自我评价；②学生相互评价；③家长评价；④教师、专家评价。对一个主题活动的评价过程通常采取两个步骤：①过程性评价，贯穿研究的整个过程，教师组织学生在活动过程中适时进行评价，以便为修正活动方案、深度研究提供指导；②总结评价，在研究课题总结阶段进行评价，这是研究性学习重要的评价过程。要做好评价，我们还需要注意：全员参与、明确分工、赞赏同伴、展示成果、分享过程、相互质疑、反思感悟，不要求全，而应求新，有过程性、有结论性。

坚持探索与实践，学校因地制宜、校本化地开发与实施综合实践活动课程，不仅培养学生的创新能力，提升学生的综合素质，也极大地丰富和完善学校的课程体系，培育学校的课程特色，推动着学校的教育教学工作稳步驶入高质量发展的快车道。

一种太阳能海水淡化（淡水净化）装置

郑州市第十二中学　朱祎然

一、引　言

（一）研究目的与意义

1.研究背景和研究目的

地球上海水资源非常丰富，河水资源也异常丰富，但是对人们来说，这些水是不能直接饮用的，必须经过淡化或者净化过程，达到一定的饮用标准，才能够供人们使用，另外，在很多偏远的山区，尽管有河流淡水资源，但是随着污染越来越严重，人们缺少净水饮用。但是我们地球上有丰富的太阳能，如果利用大自然的力量来解决好饮用水问题，这是利国利民的大事。

太阳能海水淡化（淡水净化）装置的设计，高效率地使用太阳能，是提高海水淡化和淡水净化的实用方法之一，可以解决一些饮水困难地区的水资源利用问题。

2.研究的主要创新点

本文研究的创新点主要体现在以下四点：

（1）将凸透镜聚光原理应用于海水淡化或者河水净化，是应用领域的创新。

（2）太阳能和凸透镜组合，大大提高了太阳能热量的使用效率，产水量多，产水量快，效果好，代表了海水淡化和河水净化的发展方向。

（3）热能资源充足，适用于各种环境或地区。

3.研究效果的应用意义

该项设计投资不大，操作简单，制作容易，材料简单，容易购买，价格低廉，节省成本，绿色环保，具有很高的使用价值，便于推广使用。为同类海水淡化和河水净化提供了一种解决问题的思路。

（二）海水淡化和河水净化方式的技术选择

现代意义上的海水淡化则是在第二次世界大战以后才发展起来的。战后由于国际资本大力开发中东地区石油，使这一地区经济迅速发展，人口快速增加，这个原本干旱的地区对淡水资源的需求与日俱增。而中东地区独特的地理位置和气候条件，加之其丰富的能源资源，又使得海水淡化成为该地区解决淡水资源短缺问题的现实选择，并对海水淡化装置提出了大型化的要求。

在这样的背景下，20世纪60年代初，多级闪蒸海水淡化技术应运而生，现代海水淡化产业也由此步入了快速发展的时代。海水淡化技术的大规模应用始于干旱的中东地区，但并不局限于该地区。由于世界上70%以上的人口都居住在离海洋120公里以内的区域，因而海水淡化技术近20多年迅速在中东以外的许多国家和地区得到应用。最新资料表明，到2003年止，世界上已建成和已签约建设的海水和苦咸水淡化厂，其生产能力达到日产淡水3600万吨。目前海水淡化已遍及全世界125个国家和地区，淡化水大约养活世界5%的人口。海水淡化，事实上已经成为世界许多国家解决缺水问题，普遍采用的一种战略选择，其有效性和可靠性已经得到越来越广泛的认同。

1.冷冻法

冷冻法，即冷冻海水使之结冰，在液态淡水变成固态冰的同时盐被分离出去。冷冻法与蒸馏法都有难以克服的弊端，其中蒸馏法会消耗大量的能源并在仪器里产生大量的锅垢，而所得到的淡水却并不多；而冷冻法同样要消耗许多能源，但得到的淡水味道却不佳，难以使用。

2.反渗透法

通常又称超过滤法，是1953年才开始采用的一种膜分离淡化法。该法是利用只允许溶剂透过、不允许溶质透过的半透膜，将海水与淡水分隔开的。在通常情况下，淡水通过半透膜扩散到海水一侧，从而使海水一侧的液面逐渐升高，直至一定的高度才停止，这个过程为渗透。此时，海水一侧高出的水柱静压称为渗透压。如果对海水一侧施加一大于海水渗透压的外压，那么海水中的纯水将反渗透到淡水中。反渗透法的最大优点是节能。它的能耗仅为电渗析法的1/2，蒸馏法的1/40。因此，从1974年起，美日等发达国家先后把发展重心转向反渗透法。但是反渗透工程造价和运行成本较高，系统抗污染能力弱等。

3.太阳能法

人类早期利用太阳能进行海水淡化，主要是利用太阳能进行蒸馏，所以早期的太阳能海水淡化装置一般都称为太阳能蒸馏器。与传统动力源和热源相比，太阳能具有安全、环保等优点，将太阳能采集与脱盐工艺两个系统结合是一种可持续发展的海水淡化技术。太阳能海水淡化技术由于不消耗常规能源、无污染、所得淡水纯度高等优点而逐渐受到人们重视。由于本系统提出了两种利用太阳能的加热方式，大大提高了热能的利用效率，对于小规模的海水淡化或淡水净化有重要意义。

（三）研究方法

1.文献研究法、实验研究法

2.整理、分析资料

3.归纳、总结资料

4.访问导师

（四）研究主要内容

1.方案设计

2.图形结构

3.使用说明

4.创新点

5.应用前景

二、净化装置图解析

（一）研究项目提出的背景

1.随着社会发展和人口的持续增长，人们对水的需求日益增多，对水的质量和引用标准也在提高，各国纷纷寻求水源增量技术，在大自然中有着大量的海水和河水资源，如果能将海水淡化、河水净化供给人类，将大大缓解人类的用水危机。尤其是沿海地区和海岛，日照充足，海水丰富，却至今没有办法将太阳能和海水有效结合起来生产淡水。地球赋予了人类足够的淡水，只是人类还没有找到高效获取淡水的方法。从海水淡化技术发展趋势来看，利用太阳能淡化海水是低成本制取淡水的可行途径。

2.在发生地震、旱灾、洪水或野外旅行时，常常会发生缺少纯净水影响人类健康与生存的问题。有时候尽管有大量的湖泊水资源，由于不能直接引用，限制了人们生产生活自由，如果能设计将周围的普通水转变为能饮用的纯净水的装置就可以解决这一问题。

（二）方案设计

水透镜太阳光聚热，当半圆透明锅内装满了透明水后，太阳光照后会将太阳光热集中照在蒸发碗内，使其水温至100摄氏度以上沸腾而大量蒸发。

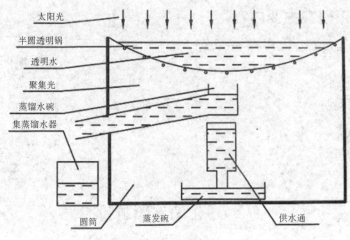

图1 原理图

蒸馏水采集，当水蒸气遇到水冷却的U形锅后，会冷凝成水珠聚集在锅底滴入蒸馏水碗中，再冷水管流入集蒸馏水器中。

供水器：是利用大气压原理，由一个放满水的瓶子倒置在蒸发碗中，可对蒸发后的液面补充水分。

太阳能水蒸发器，半导体制冷片能通过吸热片吸收水中热量，传到另一侧使沸腾碗内的水加热到沸腾状态，使之大量蒸发成水蒸气。

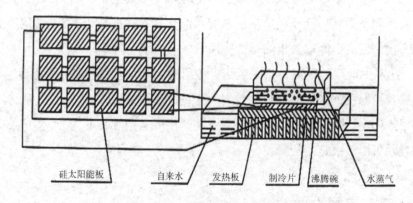

图2 太阳能水蒸发器设计图

水透镜聚热硅太阳能电池，硅太阳能电池能将太阳光中的光能转化为电能，但电池生产成本高，如果能提高转化率可以起到产生更多电能的效果，如用凸透镜可以使电池产生更多电能，但大直径凸透镜较贵，可以使球形瓶内放自来水起到大凸透镜聚焦效果。

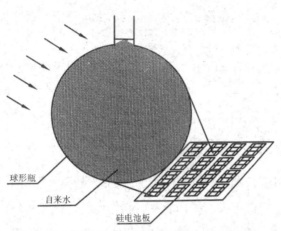

图3　球形瓶内放自来水增大凸透镜聚焦效果

（三）图形结构

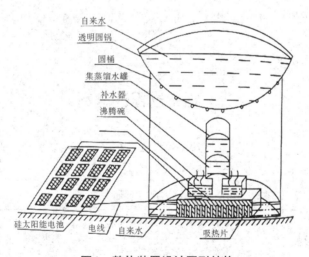

图4　整体装置设计图形结构

（四）使用说明

1.将半导体制冷片、吸热板、沸腾锅放在圆桶中,锅内放水到吸热片高度。

2.将一个放满水的瓶子倒置在沸腾锅内，可以使碗内水到一定高度，成为补水器。

3.在补水器上放一个开口杯成为集中蒸馏水器。

圆桶上放一个透明圆锅，锅内放水成为大水透镜，既可以采集太阳光，又可以收集蒸馏水。

4.待杯内蒸馏水满后取出，再将圆锅内温水倒入补水器与大桶内，并将自来水补充圆锅。

（五）前景分析及创新点

本研究项目给长期缺少纯净淡水的人们提供一种便利的将海水淡化或将河水净化的装置，投资不大，操作简单，制作容易，材料简单，容易购买，价格低廉，节省成本，绿色环保，具有很高的使用价值。

（六）感　谢

本研究过程中，得到郑州十二中朱安海老师的大量帮助和支持，对他表示诚挚的感谢！

三、研究过程性材料

小组建立登记表

2017年9月8日

学科类别	物　理	研究类别	项目设计
指导老师	朱安海	班　级	1908班
成员信息			
姓　名	特长与爱好	联系方式	班内职务
朱祎然	写作、阅读发明、设计	13595236699	物理课代表
组　长	朱祎然		

课题生成记录

年　月　日

组员姓名	初选课题	选择或淘汰的理由
朱祎然	海水淡化（淡水净化）	本人为理科生，学以致用，可以将自己学习的知识在实践中应用
朱祎然	智能手机对中学生人际关系的影响	学校不让学生带手机，问卷调查可能困难，淘汰不研究了
本组最终研究课题	海水淡化（淡水净化）	
导师意见	该学生提出的课题，项目内容很好，有一定研究价值，建议将项目内容改为：一种太阳能海水淡化（淡水净化）装置	

研究性学习开题报告

课题题目	一种太阳能海水淡化（淡水净化）装置	主导课程	物理、地理
指导老师	朱安海	班级	1908班

简要背景说明（课题是如何提出来的）：

　　在看电视节目时，看到在茫茫的大海上，一个轮船出现故障，周围都是海水，但是却不能直接饮用，于是联系自己所学物理知识，想帮助这些需要水的人们。

　　另外，在很多偏远的山区，尽管有河流淡水资源，但是随着污染的越来越严重，人们缺少净水饮用。

　　于是想到设计一种装置，改变这种状况。

课题的目的意义：

　　1.利用所学知识，解决生活中的一些问题。

　　2.本研究项目给长期缺少纯净淡水的人们提供一种便利的将海水淡化或将河水净化的装置，投资不大，操作简单，制作容易，材料简单，容易购买，价格低廉，节省成本，绿色环保，具有很高的使用价值。

研究活动计划

活动步骤	阶段序号	时间（周）	主要任务	阶段目标
	一	一周	找到研究方向	为前期研究做准备
	二	三周	研究设计	初步设计出方案
	三	五周	完善研究、咨询老师、调查设计、形成模型	完成研究项目

计划访问对象	1.物理老师 2.渔　民 3.相关专家 4.山区居民
活动所需条件	1.照相机 2.制作材料
预期成果（论文、制作模型或实物、实验报告）	1.研究报告 2.模型制作

研究性学习课题正文框架结构表

一、研究背景

二、方案设计

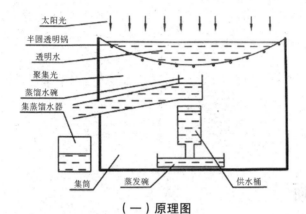

（一）原理图

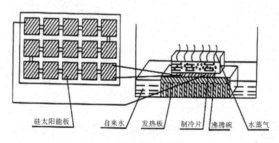

（二）太阳能水蒸发器设计图

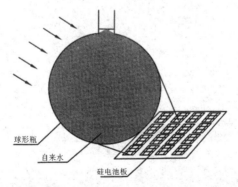

（三）球形瓶内放自来水增大凸透镜聚焦效果

三、图形结构

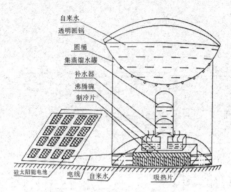

自来水
透明圆锅
圆桶
集蒸馏水嘴
补水器
沸腾碗
制冷片

硅太阳能电池　电线　自来水　　　　吸热片

（四）整体装置设计图形结构

四、使用说明

五、前景分析及创新点

研究性学习中期汇报表

课题名称	一种太阳能海水淡化（淡水净化）装置
分担任务完成情况	1.完成了资料收集 2.图形设计
已经收集 到的资料	1.太阳能转化率相关知识 2.凸透镜原理
完成进度	80%
目前存在的问题	模型制作有一定难度
下一步计划	1.设计完善设计图 2.咨询老师 3.加快制作模型

郑州市第十二中学研究性学习结题汇报评价表

课题名称	一种太阳能 海水淡化装置	课题组长	杜佳璐
1.成果评价	等第：A（10–9分）B（8–7分）C（6–5分）D（5分以下）		
选题的科学性	10	人员分工明确性	9
目标的明确性	9	研究成果的实用性	9
研究成果的科学性	9	研究成果的影响度	9
2.成果陈述评价	等第：A（10–9分）B（8–7分）C（6–5分）		
成果表达的准确	9	思路的条理	9
语言的流畅	10	时间的把握	9
成员的精神状态	9	技术的运用	8
3.答辩评价	等第：A（10–9分）B（8–7分）C（6–5分）		
应答的能力	9	小组的合作性	8
答案的准确性	9	时间的运用	8
评语	作者通过一年的实践与探索，研究项目《一种太阳能海水淡化装置》提高了热能的利用效率，改进了海水淡化装置，给长期缺少纯净淡水的人们提供一种便利的将海水淡化或将河水净化的装置，投资不大，操作简单，绿色环保，具有很高的使用价值。		
总评分	9.5	评委	张红勋
4.综合评审	以下由评委看材料后综合评价		
材料是否齐	材料完备		
指导老师是否负责	高度负责		
课题名称	一种太阳能 海水淡化装置	课题组长	杜佳璐
终评意见	整体完成了研究项目，设计科学，评为优秀。 郑州市第十二中学　2018年6月20日		

四、研究日志

郑州十二中研究性学习研究日志

课题题目	一种太阳能海水淡化（淡水净化）装置	时 间	2017.9
学生姓名	朱祎然	班 级	1908班

研究日志	今天开始了我的研究性学习课程，由于是第一次做研究，老师让我们自愿结合小组，开展研究项目的选择，由于和其他同学在研究课题上有分歧，我就自己成立了一个小组，并且提出了两个课题。 　　一个是中学生校内玩手机的现状研究，学校不让学生带手机，问卷调查可能困难，淘汰不研究了。 　　一个是课题是——一种太阳能海水淡化和河水净化装置，本人为理科生，学以致用，可以将自己学习的知识在实践中应用。

郑州十二中研究性学习研究日志

课题题目	一种太阳能海水淡化（淡水净化）装置	时 间	2017.10
学生姓名	朱祎然	班 级	1908班

研究日志	从一开始的迷茫到确定研究方向，在老师的指导下，今天终于确定了自己的研究课题。 　　我本次研究性学习的课题是——一种太阳能海水淡化和河水净化装置。 　　这次活动，我查阅了大量的资料，在课题研究前做了大量的准备，了解了很多关于河水净化的知识。 　　其次，本次活动很好地锻炼了我的组织能力和思维能力。能够在一个较为开放的情境里主动探索，不断收获，自主学习，是我们自我提升的途径，也是本次研究性学习的重要意义。

郑州十二中研究性学习研究日志

课题题目	一种太阳能海水淡化（淡水净化）装置	时　间	2017.11
学生姓名	朱祎然	班　级	1908班
研究日志	今天开始了做我的开题报告了，由于开题报告需要在课堂上向老师和全体同学汇报，我必须做大量的前期的准备，包括查阅资料，明确研究的背景和目的意义等各种情况，经过一下午的查阅资料，我终于确定下来我的开题报告。 　　我在图书馆查到：地球上海水资源非常丰富，河水资源也异常丰富，但是，对人们来说，这些水是不能直接饮用的，必须经过淡化或者净化过程，达到一定的饮用标准，才能够供人们使用。另外，在很多偏远的山区，尽管有河流淡水资源，但是随着污染的越来越严重，人们缺少净水饮用。但是我们地球上有丰富的太阳能，如果利用大自然的力量来解决好饮用水问题，这是利国利民的大事。		

郑州十二中研究性学习研究日志

课题题目	一种太阳能海水淡化（淡水净化）装置	时　间	2017.12
学生姓名	朱祎然	班　级	1908班
研究日志	上一周经过汇报与展示我的开题报告，让大家知道了海水淡化的意义和河水净化的好处，同学们很认可这个研究，老师也很赞同，所以增加了我研究的信心，从今天开始，我需要查阅有关河水净化的知识，查阅太阳能的使用现状和如何利用太阳能等一系列问题。 　　我了解到：现代意义上的海水淡化则是在第二次世界大战以后才发展起来的。战后由于国际资本大力开发中东地区石油，使这一地区经济迅速发展，人口快速增加，这个原本干旱的地区对淡水资源的需求与日俱增。而中东地区独特的地理位置和气候条件，加之其丰富的能源资源，又使得海水淡化成为该地区解决淡水资源短缺问题的现实选择，并对海水淡化装置提出了大型化的要求。		

郑州十二中研究性学习研究日志

课题题目	一种太阳能海水淡化（淡水净化）装置	时 间	2018.01
学生姓名	朱祎然	班 级	1908班
研究日志	最近一段时间，尽管学习比较紧张，但是我还是利用业余时间，到实验室开始做我的项目研究，又了解了一些知识，复习了一下凸透镜的聚光原理和太阳能利用效率的提高问题等一系列问题。 　　我试着开始绘制和设计图纸，为以后制作模型做准备，我学习绘图知识，找来了三角板、量角器等很多绘图工具，用了一下午时间进行设计图纸。 　　由于学校作业比较多，我没有完成本次设计工作，下一周找时间接着制作，期待早日完成我的研究性学习研究项目。		

郑州十二中研究性学习研究日志

课题题目	一种太阳能海水淡化（淡水净化）装置	时 间	2018.02
学生姓名	朱祎然	班 级	1908班
研究日志	这一周时间，需要画图，在画图过程中遇到了一些困难，因为我们不会用电脑绘图，但是我们经过努力还是克服了。还有就是在最开始设计时，设计出来的方案不够合理，在这中间我请教了班里的电脑高手，帮我设计，最终都得到了解决。我们认为研究性学习给我们的不只是知识更加广阔，还有团结、实践等对我们以后很重要的东西。		

郑州十二中研究性学习研究日志

课题题目	一种太阳能海水淡化（淡水净化）装置	时 间	2018.03
学生姓名	朱祎然	班 级	1908班
研究日志	今天有点时间，我抓紧时间完善我的研究，对设计图纸和每个部分进行了详细的研究，并找老师咨询了许多专业知识，查阅了大量的图书资料。 　　经过一下午的努力，终于设计完成了本次项目研究工作。这为下一次做好本次研究的项目设计和模型制作工作做好了准备。 　　我会继续努力，把我本次的研究项目的模型制作出来。		

郑州十二中研究性学习研究日志

课题题目	一种太阳能海水淡化（淡水净化）装置	时 间	2018.04
学生姓名	朱祎然	班 级	1908班
研究日志	今天开始制作模型了，需要的时间可能要长一些，由于每次制作都需要到实验室进行，我必须安排好自己的制作时间，事先和老师打好招呼，以免影响制作进度。 　　我按照图纸小心翼翼地制作每个部分，太阳能板、凸透镜，收集器具，分离器具等一部分一部分地进行安装和设计，经过一晚上的努力，终于有了雏形，我感觉到非常高兴。 　　因为我第一次利用所学的知识制作了自己研究的项目，尽管还不是实际的物品，毕竟这已经走出了第一步。		

郑州十二中研究性学习研究日志

课题题目	一种太阳能海水淡化（淡水净化）装置	时　间	2018.05
学生姓名	朱祎然	班　级	1908班
研究日志	这一周时间，需要画图，在画图过程中遇到了一些困难，因为我们不会用电脑绘图，但是我们经过努力还是克服了。还有就是在最开始设计时，设计出来的方案不够合理，在这中间我请教了班里的电脑高手，帮我设计，最终都得到了解决。我们认为研究性学习给我们的不只是知识更加广阔，还有团结、实践等对我们以后很重要的东西。		

郑州十二中研究性学习研究日志

课题题目	一种太阳能海水淡化（淡水净化）装置	时间	2018.06
学生姓名	朱祎然	班　级	1908班
研究日志	本学期我研究的是《一种太阳能海水淡化（淡水净化）装置》。转眼间，12周已经过去了，开始完成最后的工作：结题。在研究期间，我每周都会积极参与，认真完成。虽然这个过程看上去有些漫长，但随着时间一分一秒地流逝，我们也在不知不觉中走过来了。 　　记得第一周开题的时候，当我确定好课题后，热情高涨，就好像在长时间的干旱之后，迎来了久违的甘露，滋润着我们的心灵。经过老师指导修改后，我立即行动起来，寻找、搜集资料，设计制作。经过12周的努力，终于结题了，结束任务时，我看着自己的研究成果很高兴，回望过去那一周周的心情，至今历历在目。研究中相关的知识，太阳能发电原理、发电方法、凸透镜相关知识，那一切的一切都是我们用辛勤的汗水搜集来的，也都将在我们的欢声笑语中结束。		

五、研究体会

唯有探索　方得成功

郑州市第十二中学　朱祎然

本学期我们的课题是《一种太阳能海水淡化（淡水净化）装置》。转眼间，12周已经过去了，开始完成最后的工作：结题。在研究期间，我每周都会积极参与，认真完成。虽然这个过程看上去有些漫长，但随着时间一分一秒地流逝，我们也在不知不觉中走过来了。

记得第一周开题的时候，当我确定好课题后，热情高涨，就好像在长时间的干旱之后，临来了久违的甘露，滋润着我们的心灵。经过老师指导修改后后，我立即行动起来，寻找，搜集资料，设计制作。由于对这个课题很感兴趣，第一周后的任务很快便完成了，而且过程轻松高效。没留下一点遗憾。经过12周的努力，我们终于结题了，结束任务时，我看着自己的研究成果很高兴，回望过去那一周周的心情，至今历历在目。研究中相关的知识，太阳能发电原理，发电方法，，凸透镜相关知识，那一切的一切都是我们用辛勤的汗水搜集来的，也都将在我们的欢声笑语中结束。

在画图过程中也有过困难，因为我们不会用电脑绘图，但是我们经过努力还是克服了。还有就是在最开始设计时，设计出来的方案不够合理，在这中间我请教了班里的电脑高手，帮我设计，最终都得到了解决。我们认为研究性学习给我们的不只是知识更加广阔，还有团结，实践等对我们以后很重要的东西。

在研究的过程中，我还懂得了：唯有扩大自己的知识面，只有在探究、实践中才能得到更多的实用的东西。回到起点，这一过程需要更多坚韧不拔的探索精神和勇于实践的能力。这一次的研究性学习不同于以往任何一次研究性学习，这一次的研究性学习让我深刻体验到亲手实践的重要性。我坚信通过这次实践，会让我们每一个人都对这次实验作品很有信心，因为信心，是做一件事的良好开端！

经过这一次研究性学习，我深深感受到亲手实践的重要性。并且各种不同的发明都是从实践中得到的。所以我相信，只有在不断的实践中我们才能创造出更加辉煌的发明！

六、指导老师评价

该项目作者通过一年的实践与探索，研究的项目《一种太阳能海水淡化（淡水净化）装置》，通过提高热能的利用效率，改进了海水淡化的装置。本研究项目给长期缺少纯净淡水的人们提供一种便利的将海水淡化或将河水净化的装置，投资不大，操作简单，制作容易，材料简单，容易购买，价格低廉，节省成本，绿色环保，具有很高的使用价值。

基于Android的路边停车收费管理系统设计

一、绪 论

我国机动车保有量逐年上升，根据公安部刚刚发布的信息，在2019年上半年注册的机动车数量已经超过了3.5亿辆，其中绝大部分是汽车，数量已高达2.64亿辆，在这2.64亿辆汽车之中小型私家车占到了2.23亿辆；我国拥有机动车驾驶资格的机动车驾驶员数量也随之陡增，人数已达到4.34亿，而其中拥有机动车驾驶资格的驾驶员约有4.15亿人。驾驶员数量的陡增直接导致私家车保有量的陡增，目前已有1.88亿辆，而且数量还在不断上升，约占汽车总数的81.2%。从2007年到2018年11年的时间里，我国机动车保有量从0.62亿辆增加到1.88亿辆，数量翻了一番还要多得多。

随着汽车保有量的陡然上升，如今我国大多数城市都面临着堵车、停车难的问题，交通混乱极难治理。其中最为明显的就是停车问题，城市的停车位建设跟不上汽车数量的增长，出现了各种停车难题。

（一）研究目的及意义

近年来汽车一方面不仅使我国经济得到了发展，也让人民生活得到了极大的便利，另一方面随着汽车数量的迅速增长给城市带来的问题也日趋严重。人民乘车出行需先查看实时道路地图，避开拥堵路段，还要在地图上事先找到停车场位置，否则会因为堵车和停车问题浪费大量宝贵时间和精力。

我国大部分地区采用小区、商场、写字楼等配套停车场和道路两边停车场两种停车方式。地下停车场投入较大，地点地形要求很高，车主在停车时会花费大量的时间寻找车位。路边停车就是利用道路的两侧划出停车位，车主可在目的地就近停车，十分便利。目前道路停车的计费方式主要靠人工进行收取，这种计费方式在停车高峰时效率十分低下，往往会出现漏交、少交的问题，对收费机构造成了很大的损失，不便于管理。为此，我们设计了路边停车收费管理系统来取代当下这种效率低下的人工收取方式，以此来节约人力和物力。

该系统可方便路边停车管理员对车辆、车位和费用进行管理。管理员拥有灵活的管理权限，可记录车辆信息、驶入及驶出信息、停放时间及金额，大大提高管理效率，节省人力资源。这样道路停车收费系统的意义也就达成了。

（二）国内外研究现状

停车难的问题不仅仅存在于中国，世界各国都面临着堵车和停车难题，尤其是发达国家，各国都在积极寻找解决方法。美国最早遇到了停车难的问题。美国一直被称为"汽车轮子上的国家"，汽车保有量巨大，停车位却没有多少，在后来的城市建设中也越来越注重停车位的建设。在日本，早期汽车数量较少，导致司机养成在路边乱停乱放的习惯，这对当时的交通秩序产生了极大的影响，交通混乱不堪，后来日本政府出台了一系列关于机动车停放的法律法规，政府和人民出钱修建大量公共停车场停车位，规定了所有的车辆都应该停放在道路两边的公共停车位中或停车场中，成功地治理了停车难问题，同时也使司机养成了良好的停车习惯。在欧洲发达国家，政府大力修建公共交通，对私家车提高要求，抑制私家车成为出行的主要交通工具。在韩国，有法律规定在公共区域限制公共停车位的个数，使停车位成为稀缺资源，以此来抑制私家车的增长问题，提倡人民使用公共交通出行。

（三）需求分析

车主：通过信息引导快速寻找到空车位，获得优质的一体化停车体验。

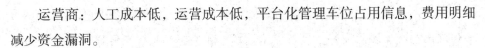

运营商：人工成本低，运营成本低，平台化管理车位占用信息，费用明细减少资金漏洞。

投资方：系统设备投入成本低，施工成本低，投资回报快。

政府：实现路边车位的智能化管理，建立区域内标杆项目，为市民提供一体化的优质服务。

（四）本文构成及研究内容

本文主要由四个部分内容组成：一是主要介绍所做系统用到的编程语言、开发平台和开发环境，以及一些主要技术的详细说明。第二是对系统的分析，分析本系统的稳定性和可行性（技术可行性，经济可行性，社会可行性等）。第三是对系统各个功能进行测试介绍，介绍本系统所实现的功能原理和系统开发方法。第四是对该系统设计过程、设计思路的说明，详细介绍系统的功能使用、系统模块包括登录模块和几个功能模块的具体实现。

二、关键技术及相关软件

本章详细讲解了在系统开发过程中用到的一些开发软件及相关关键技术，对数据库进行分析介绍。

（一）Android系统

Android操作系统的用户量非常庞大，在市场中一直处于前三的位置。Android一词本来的意思是"机器人"。在2003年，谷歌公司研究开发了Android操作系统，该系统是在开放源代码的Linux系统基础上开发的，现在该系统在智能操作系统中已占领主导地位。Rubin成功创立了一家名字叫Android的软件公司，该公司因为是软件公司，所以其主要的业务经营对象是手机上的软件和手机中的一些操作系统。后来谷歌收购了Andy Rubin的Android公司。因为Google（谷歌）是一个大公司，它与很多其他的开发公司在内的许多手机关键技术合作。使用Android操作系统作为路边停车场收费系统的软件，便于软件的日后开发和维护，可以有效降低软件的使用成本，降低设备价格。由Android平台推出的产品界面友好，具有上网技术、触摸屏和高级图像显示，是移动终端的Web应用技术平台。

（二）Java技术

Java我们所熟知的，就是它是面向对象的，现在很多开发者都在使用，它在某些方面和C语言有许多相似之处，吸收了很多其中的东西，还舍弃了C++里面一些并不好学习和使用的多继承、指针、操作符的重载等概念，舍弃了多继承，采用单继承，但是可用接口来多实现，所以Java具有两个大特征，一个是它的功能强大，另一个是它的简单易用。Java自出世以来就迅速发展，目前已连续几年成为使用率最高的编程语言。它吸收了C++编程语言的各种长处，抛弃其短处，完美诠释了取其精华去其糟粕。Java语言的功能不负众望，它在具备其他语言的突出优点的同时，还舍弃了那些经常被众多程序员吐槽的缺点。同时Java语言也有很大的贡献及影响力，其简洁的语法、简明严谨的结构为其未来的发展打定基础，并且它是一门跟得上时代发展脚步的编程语言，为我们开发一些简单的程序功能提供了很大的便利，这也是它比其他语言所具有的优势，但是有优势就会有劣势，它的劣势同样也是因为封装带来的，这样会变得不够灵活，这也是大部分封装的通病。与此同时，Java还有简单性、与平台、安全性、分布式等特性。

（三）Android Studio开发工具

本设计采用的开发平台Android Studio开发平台，是谷歌公司专门为Android操作系统而开发的。该开发工具可以采用Java语言进行编写，因为其拥有功能齐全的组件，一直以来都十分受宠。Android Studio的最大不同就是在Android Studio里面需要高速运行时，将硬件的访问部分复杂的逻辑使用C++实现。多了一些Gradle的文件支持，具备功能十分强大的布局编辑器，设计者可以任意拖拉所要选择的 UI 控件效果布局，并在编辑器中可以看到预览的布局效果，还可以让用户直接生成apk，让用户安装到手机上，让所有者看到预期的布局效果。使用

NDK可以将C/C++源码编译成动态链接库，供Java调用。因为Java编程环境要调用C/C++函数时用到JNI（Java Native Interface）技术，这就要求运用NDK开发C/C++时，C/C++源码要达到JNI标准要求。

（四）MySQL5.5介绍

数据库管理系统MySQL。MySQL数据库的优秀系统特性使其广受欢迎。其工作原理决定了它具有很大的灵活性，很适合中小型企业及一般个人用户使用。从功能方面来讲MySQL也是十分丰富全面的。由于路边停车操作系统所使用到的数据量较小，MySQL完全能满足本系统的数据管理任务。MySQL数据库的源代码是开放的，它的运行比较可靠，占用内存的体积也比较小，运行速度快，这让它成为目前主流的关系型数据库。在目前大多数关系型数据库中，MySQL是将数据存入到很多不同的数据表中，而其他数据库则是将数据都存入到一个很大的数据仓中，相比于其他数据库，MySQL在调用数据时速度较快，并且灵活性较高。数据库内存占用较小，以至于功能不如Oracle、DB2这种大型数据功能强大。对于本系统，MySQL已经能完全满足系统需要。

三、系统设计分析

本章是全文的重点章节，经过需求分析来确定这个系统的设计方向，经过可行性分析来确认系统设计的可行性。通过这两方面的分析来展示系统。

（一）系统总体设计

道路两边停车场收费管理系统分为五大模块：系统设置、车辆入库、车辆出库、系统查询、统计。

系统设置模块：设置停车场名称位置、停车价格。

车辆入库模块：利用摄像头识别车辆号牌，自动记录停车位编号和当前停车时间。

车辆出库模块：利用摄像头识别车辆号牌，输出停车场信息、停入时间与驶出时间、停车单价、停车金额。

系统查询模块：输出查询指定停车位状态，显示停车信息。查寻历史车辆。

系统统计模块：可统计某一时段内停车数量、停车金额、车辆信息。

（二）系统流程设计

1.系统流程图

在需求分析基础上明确了路边停车收费系统的业务流程，包括了基础的数据存储，车辆停入停车位，自动记录停车时间、停车位编号，车辆驶出停车位时显示出车牌号停车时长，驶出时间根据系统设计的单价计算出停车金额。路边停车系统总体结构如图1所示：

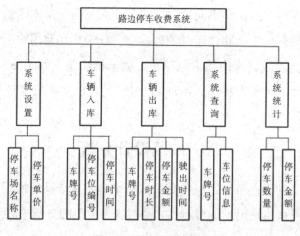

图1 系统总体结构图

2.管理员登录界面流程图

管理员登录系统时，需要先判断身份，登录人员可分为系统管理员和收费管理员。收费管理员由系统管理人员给予用户名和密码，收费管理员注册成功后进入系统后可以实现浏览、查询等功能。收费管理员将用户名和密码输入正确后登录系统，可以实现增、删、改、查和其他管理功能。管理员登录流程如图2所示。

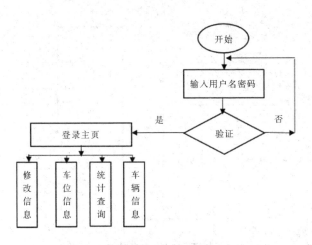

图2　管理员登录界面流程图

3.车主停车流程图

车主泊车：录入车辆号牌，随机分配当前空车位。车主入库记录模块流程图如图3所示：

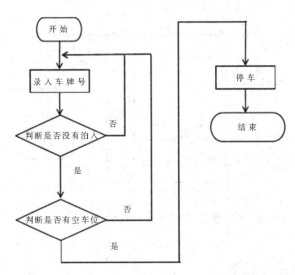

图3　车主停车号牌记录模块流程图

4.管理员车位检查流程图

管理员车位检查模块：可以检查目前停车场所有车位状态。管理员车位查看模块流程图如下图4所示：

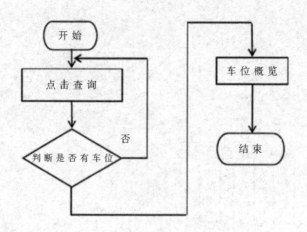

图4　管理员车位查看模块流程图

5.财务收入流程图

财务收入模块：结算停车费收入。收入模块流程图如下图5所示：

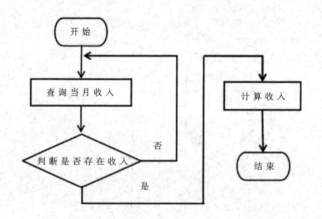

图5　财务收入模块流程图

（三）数据库设计

数据库在设计时主要分为两类：数据库关系模型和数据库逻辑机构。

1.数据库关系模型设计

数据项和相关数据结构如下：

（1）车位显示信息

车位显示信息包括有（状态码、车位区域、车位号、车牌号、序号ID）5 个信息。车位显示信息E-R图如图6所示：

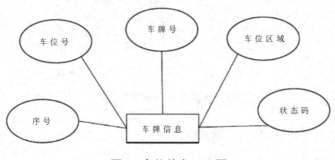

图6　车位信息E-R图

（2）停车信息

停车信息包括（停车时间、驶离时间、车牌号、花费、车位号、序号）6 个信息。停车记录E-R图如图7所示：

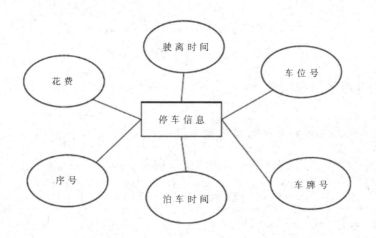

图7　停车记录E-R图

（3）管理员用户信息

收费管理员用户信息包括有（密码、序号ID、用户名）三个信息。用户信息E-R图如图8所示：

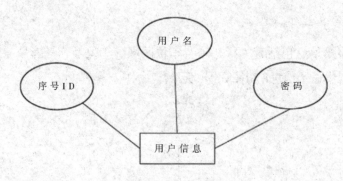

图8 管理员用户信息E-R图

（4）车位收费费用标准信息

收费费用标准E-R图如图9所示：

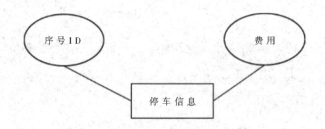

图9 车位收费费用标准E-R图

2.数据库逻辑结构设计

（1）数据项和相关数据结构如下所示

道路两边车位信息表：道路两边车位信息表如下表。

道路两边车位信息表

列 名	数据类型	允许空	主 键	说 明
id	int	否	是	序 号
parkingid	varchar	否	否	停车位号
platenumber	varchar	是	否	车牌号
region	varchar	否	否	车位区域
status	int	否	否	车位状态

（2）停车记录表

停车记录表如下表。

停车记录表

列　名	数据类型	允许空	主　键	说　明
id	int	否	是	序　号
cost	float	是	是	停车费用
endtime	datetime	否	否	取车时间
parkingid	varchar	否	否	停车位号
platename	varchar	否	否	车牌号
starttime	datetime	否	否	泊车时间

（3）管理员信息表

管理员信息表如下表。

管理员信息表

列　名	数据类型	允许空	主　键	说　明
user name	varchar	否	否	登录名
pass word	varchar	否	否	密　码

（4）收费标准表

收费标准表如下表。

收费标准表

列　名	数据类型	允许空	主　键	说　明
id	int	否	是	序　号
price	int	是	否	收费标准

四、系统实现

（1）收费管理员登录界面

收费管理员登录界面

用户登录界面主要是验证用户身份，首先判断用户是否是系统内合法注册用户，然后分析用户身份角色及使用权限。相关代码如下：

```
private static final String LOGIN_KEY = "login_key";

    private static final String LOGIN_PASS = "login_pass";

    private TextView mTextViewLogin;

    private TextInputEditText mTextInputEditTextName, mTextInputEditTextPass;

    @Override

    protected void onCreate(Bundle savedInstanceState) {

        super.onCreate(savedInstanceState);

        setContentView(R.layout.activity_login);

        init();

        setListener();

        setData();

    }
```

```
private void init() {
    mTextInputEditTextName = findViewById(R.id.login_etname);
    mTextInputEditTextPass = findViewById(R.id.login_etpass);
    mTextViewLogin = findViewById(R.id.tvbtnlogin);
}
private void setListener() {
    mTextViewLogin.setOnClickListener(v -> {
        String name = mTextInputEditTextName.getText().toString().trim();
        if (TextUtils.isEmpty(name)) {
            Toast.makeText(this, "请输入用户名", Toast.LENGTH_SHORT).
show();
            return;
        }
        String pass = mTextInputEditTextPass.getText().toString().trim();
        if (TextUtils.isEmpty(pass)) {
            Toast.makeText(this, "请输入密码", Toast.LENGTH_SHORT).show();
            return;
        }
        SpUtils.putCommit(this, LOGIN_KEY, name);
        SpUtils.putCommit(this, LOGIN_PASS, pass);
        startActivity(new Intent(this, MainActivity.class));
        finish();
    });
```

（2）系统管理界面

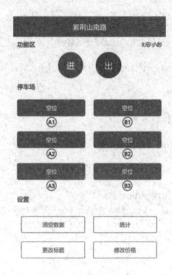

系统管理界面

系统管理界面由收费管理员登录后进行管理维护，收费管理员登录后可以修改路边停车场名称、停车单价。相关代码如下：

```
@Override
public void setListener() {
    mTextViewunTitle.setOnClickListener(v -> showDialogTitle());
    mTextViewSetting.setOnClickListener(v -> showDialogPrice());
    mTextViewClearData.setOnClickListener(v -> mPresenter.clearDatas());
    mTextViewIn.setOnClickListener(v -> showDialogStart());
    mTextViewOut.setOnClickListener(v -> showStopCart());
    mTextViewCount.setOnClickListener(v -> mPresenter.getStatistics());
```

（3）车辆驶入界面

车辆驶入界面

车辆驶入时记录车辆号牌，可随机或手动分配停车位。相关代码如下：

```
@Override
    public void startCart(String id, CartData cartData) {
        try {
            List<ListData> cartDatas = getCartDatas();
            if (TextUtils.isEmpty(id)) {
                id = getEmtiyId();
            }
            if (TextUtils.isEmpty(id)) {
                Toast.makeText(App.sContext, "获取车位编号失败", Toast.LENGTH_
SHORT).show();
                return;
            }
            ListData data = cartDatas.get(sListDataIds.indexOf(id));

            List<CartData> dataList = data.getData();
            if (dataList == null) {
```

```
        dataList = new ArrayList<>();
    }
    cartData.setId(id);
    dataList.add(cartData);
    data.setData(dataList);
    saveList(cartDatas);
} catch (Exception e) {
    e.printStackTrace();
        Toast.makeText(App.sContext, "车辆驶入失败", Toast.LENGTH_
SHORT).show();
    return;
    }
    mIMainActivity.get().showStartCart("车辆" + cartData.getName() + "驶入" +
id + "车位");
}
```

（四）车辆驶出界面

车辆驶出界面

车辆驶出界面显示停车信息包括：停车位编号、车辆驶入时间、车辆离开时间、车辆停车时长、车辆停车金额。相关代码如下：

```
@Override
public void stopCart(CartData cartData) {
    boolean success = false;
    List<ListData> cartDatas = getCartDatas();
    for (int i = 0; i < cartDatas.size(); i++) {
        ListData data = cartDatas.get(i);
        if (cartData.getId().equals(data.getId())) {
            List<CartData> dataData = data.getData();
            if (dataData != null && !dataData.isEmpty()) {
                CartData cartData_j = dataData.get(dataData.size() - 1);
                if (cartData_j != null
                    && cartData_j.getName().equals(cartData.getName())
                    && cartData_j.getId().equals(cartData.getId())
                    && !cartData_j.isSuccess()) {
                    dataData.remove(cartData_j);
                    dataData.add(cartData);
                    data.setData(dataData);
                    success = true;
                    break;
                }
            }
        }
    }
    if (success) {
        saveList(cartDatas);
        mIMainActivity.get().refreshData(getCartDatas(), getPrice(), getTitle());
        Toast.makeText(App.sContext, "车辆已经驶出", Toast.LENGTH_
SHORT).show();
    } else {
```

Toast.makeText(App.sContext, "结算失败", Toast.LENGTH_SHORT).

show();

      }

      }

（5）统计界面

统计界面

统计界面可查询显示当天停车总数量以及停车总金额。相关代码如下：

```
@Override
    public void getStatistics() {
        int count = 0;
        double price = 0;
        long startTimeOfDay = getStartTimeOfDay(null);
        List<ListData> cartDatas = getCartDatas();
        for (int i = 0; i < cartDatas.size(); i++) {
            ListData data = cartDatas.get(i);
            List<CartData> dataData = data.getData();
            if (dataData != null) {
                for (CartData cartData : dataData) {
```

```
        long startTime = cartData.getStartTime();

        long stopTime = cartData.getStopTime();

        if (startTime > startTimeOfDay) {

            count++;

        }

        if (cartData.isSuccess() && stopTime > startTimeOfDay) {

            price = DecimalCalculate.add(price, cartData.getPrice());

        }

    }

  }

}

mIMainActivity.get().showStatistics(count, price);
```

（6）更改道路名称界面

更改道路名称界面

更改道路名称界面可使管理员更改目前所处道路。相关代码如下：

```
private void showDialogTitle() {

    List<ListData> cartDatas = mPresenter.getCartDatas();

    for (int i = 0; i < cartDatas.size(); i++) {
```

```
            ListData data = cartDatas.get(i);
            List<CartData> dataData = data.getData();
            if (dataData != null && !dataData.isEmpty()) {
                Toast.makeText(this, "请先清空数据", Toast.LENGTH_SHORT).
show();
                return;
            }
        }
        DialogGetName dialogGetName = new DialogGetName(this, name -> {
            mPresenter.setTitle(name);
            refreshData(mPresenter.getCartDatas(), mPresenter.getPrice(), mPresenter.
getTitle());
        });
        dialogGetName.show();
        dialogGetName.setMsg("请输入标题", "请输入标题");
    }
    @Override
    public void clearDatas() {
        boolean b = SpUtils.clearCommit(App.sContext);
        if (b) {
            Toast.makeText(App.sContext, "清除数据成功", Toast.LENGTH_
SHORT).show();
            mIMainActivity.get().refreshData(getCartDatas(), getPrice(), getTitle());
        } else {
            Toast.makeText(App.sContext, "清除数据失败", Toast.LENGTH_
SHORT).show();
```

五、结　论

本文介绍了道路两边停车场管理系统的实现全过程，系统主要是实现道路两边停车过程中的车位管理、车辆管理、收费管理、信息查询。该系统减少了大量人力、物力消费，提高了软硬件和信息资源的共享程度。为路边停车场管理提供了及时准确的信息，基本满足了路边停车场运营过程的需要，本系统实现的主要成果有以下几点。

（1）本系统操作简单，使用户方便进行数据添加、修改、删除和查找，提高了用户的工作效率。

（2）系统具有较好的稳定性，在设计过程中，根据系统设计方法，基本上能在系统设计和实际运行过程中综合运用计算机技术、信息管理思想和软件工程方法。

该系统对于提高道路两边停车场收费管理员工作效率和系统的可靠性，规范道路两边停车场管理起到了巨大的作用，产生了许多经济效益。由于准备时间有限以及自己知识水平有限等一系列客观原因的影响，现在该系统基本可以投入使用，但仍然有一些小的问题有待改进。

参考文献

［1］董健．物联网与短距离无线通信技术[M]．北京：电子工业出版社，2012.9.

［2］孙志国，申丽然，郭佩，窦峥．无线通信链路中的现代通信技术/移动通信前沿[M]．北京：电子工业出版社，2010.11.

［3］贺崇明．城市停车规划研究与应用[P]．中国建筑工业出版社，2006.6.

［4］张秀媛等．城市停车规划与管理[M]．中国建筑工业出版社，2006.9.

［5］史密斯．共享式停车场设计与管理[M]．辽宁：辽宁科学技术出版社，2007.4.

［6］张泉等．城市停车设施规划[M]．北京：中国建筑工业出版社，2009．7．

［7］王文卿．城市汽车停车场（库）设计手册[M]．北京：中国建筑工业出版社，2002．2．

［8］高守玮，吴灿阳．ZigBee技术实践教程：基于CC2430/31的无线传感器网络解[M]．北京：北京航空航天大学出版社，2009．6．

［9］李文仲．ZigBee2006无线网络与无线定位实战[M]．北京：北京航空航天大学，2008．1．

［10］金纯．ZigBee 技术基础及案例分析[M]．北京：国防工业出版社，2008.1．

［11］王小强．ZigBee无线传感器网络设计与实现[M]．北京：化学工业出版社，2011．6．

［12］吕治安．zigBee网络原理与应用开发[M]．北京：北京航空航天大学，2008．2．

［13］郭渊博等．ZigBee技术与应用——CC2430设计开发与实践[M]．北京：国防工业出版社，2010．6．

［14］段朝玉．PIC单片机与ZigBee无线网络实战[M]．北京：北京航空航天大学出版社，2007．12．

［15］沈建华，郝立平．STM32W无线射频ZigBee单片机原理与应用[M]．北京：北京航空航天大学出版社，2010．9．

有孔空腔吹奏发声规律研究
——以陶笛和酒瓶为例

第18届"明天小小科学家奖励活动"终评参赛项目

张舜尧 （焦作市第一中学 河南焦作 454003）

一、引　子

陶笛是一种古老而又新潮的吹奏乐器，这种乐器音色优美，小陶笛声音清脆嘹亮，悦耳动听；大陶笛声音悠扬舒缓，醇厚古朴。陶笛简单易学，没有音乐基础的人也能在短时间内吹出美妙的乐曲。陶笛外形美观，大小适中，便于携带，是外出旅行的好伴侣，也是点缀生活的艺术品。

图1　风雅六孔彩绘AF陶笛

在一次欣赏陶笛演奏的时候，发现陶笛演奏者是通过闭合或打开音孔来改变频率的，开放单个音孔的面积越大，或者开放多个音孔组合的总面积越大，陶笛的发音频率就越高。

那么陶笛的发音频率与开放音孔组合的总面积到底有什么样的关系呢？

二、实验探究陶笛发音频率与音孔开放组合总面积的关系

为了研究陶笛发音频率与开放音孔组合总面积定量关系，不妨以如图1所示的风雅彩绘六孔AF陶笛为研究对象进行探究。由于音孔内的空气体积远小于陶笛空腔内的空气体积，陶笛在吹奏过程中空腔内部的空气体积保持不变，可以用控制变量法探究陶笛发音频率与开放音孔组合总面积的定量关系。

（一）操作步骤

1.给陶笛的每一个音孔编码

为了便于测量，需要为陶笛的每一个音孔进行编码。哨口编号为0，正面音孔由小到大依次编号为1、2、3、4，背面音孔由左到右依次编号为5和6。

2.测量每一个音孔的尺寸

由于陶笛的音孔常为椭圆形，为了准确测量音孔的面积，需要测量音孔的长轴 l_1 和短轴 l_2，然后按照椭圆面积公式计算每一个音孔的面积，并将测量数据记入表1。其中椭圆面积公式为

$$S=\frac{l_1 l_2 \pi}{4} \tag{1}$$

表1　音孔编码与尺寸

音孔编码		0	1	2	3	4	5	6
音孔大小/mm	长　轴	10.38	4.62	7.22	9.28	10.10	11.44	10.20
	短　轴	9.24	4.52	7.28	9.24	10.04	11.38	10.08
音孔面积/mm2		75.29	16.39	41.26	67.31	79.60	102.20	80.71

为了提高测量的可靠性，在本次实验探究中使用50分度游标卡尺，精确测定每一个音孔的长轴和短轴。

3.测量陶笛发音频率

陶笛的哨口是常开音孔，其余音孔可以在演奏者的控制下自由开合。

为了便于测量和记录，首先将哨口与各音孔逐一组合，计算开放总面积，然后按此开放组合吹奏出连续、稳定、饱满的乐音，用智能手机中安装的音频分析软件Gstings测定乐音的频率，并将相应数据记入表2。

表2　哨口与单音孔组合

音孔组合编码	0	0+1	0+2	0+3	0+4	0+5	0+6
开放面积/mm²	75.29	91.68	116.55	142.60	154.89	177.49	156.00
发音频率/Hz	353	381	431	492	515	523	509

考虑到哨口与单音孔组合的数量有限，为了采集更多的数据，将哨口与音孔连续组合，计算开放音孔组合总面积，然后按此开放组合吹奏出连续、稳定、饱满的乐音，用智能手机中安装的音频分析软件Gstings测定乐音的频率，并将相应数据记入表3。

表3　哨口与多音孔组合

音孔组合编码	0→0	0→1	0→2	0→3	0→4	0→5	0→6
开放面积/mm²	75.29	91.68	132.94	200.26	279.86	382.05	462.77
发音频率/Hz	353	381	468	582	675	780	883

（二）数据分析

将表1、表2和表3中的数据录入电子表格。如图2所示，以陶笛发音频率f为纵轴，以陶笛开放组合总面积S为横轴，绘制散点图，并为散点图数据点添加幂函数趋势线。

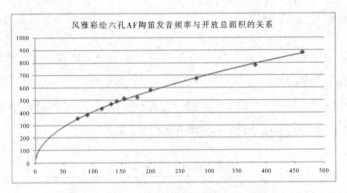

图2　风雅彩绘六孔AF陶笛发音频率与开放总面积的关系

观察图2可知，数据点分布与幂函数趋势线吻合得很好。

在电子表格中，数据点的拟合曲线方程为

$$f=40.02S^{0.502} \tag{2}$$

由（2）式可知，在误差允许的范围内，陶笛发音频率与开放音孔组合总面积的平方根成正比。

本着化曲为直的数据处理原则，如图3所示，在电子表格中，以陶笛发音频率为纵轴，以开放音孔组合总面积的平方根为横轴，绘制散点图，并为散点图添加线性趋势线。

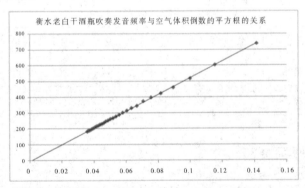

图3　风雅彩绘六孔AF陶笛发音频率与开放总面积平方根的关系

由图3可知，在误差允许的范围内，数据点分布的趋势线是一条过原点的倾斜直线。显然，陶笛发音频率与开放音孔组合总面积的平方根成正比。即

$$f \propto \sqrt{S} \tag{3}$$

按照上述方法，随后分别对风雅望月六孔AC陶笛和风雅熏烧十二孔AC陶

笛进行了探究，得出的结论与（3）式一致，只是比例系数有所不同。

（三）实验探究结论

陶笛在吹奏发声时，发声频率随着开放音孔组合总面积的增大而增大，陶笛的发声频率与开放音孔组合总面积的平方根成正比。

三、理论探究影响陶笛发音频率的因素

在吹奏陶笛的过程中，如果缓慢抬起手指，逐渐放开音孔，手指可以感受到明显的振动，显然陶笛吹奏发音来自于开放音孔中的小空气团的振动。

（一）物理建模

为了探究影响陶笛吹奏发音频率的因素，不妨把陶笛内部空腔中的大空气团视为弹性体，把某个音孔中的小团空气团视为振子，建立振动模型，寻找陶笛吹奏发音的规律。

（二）理论探究影响陶笛发音频率的因素

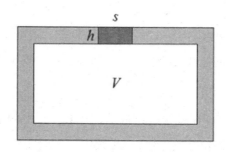

图4

如图4所示，设大气压强为P、空气温度为T、空气平均摩尔质量为M、空气密度为ρ、陶笛内部空气体积为V、陶笛壁厚为h、开口面积为S，以空腔壁上这部分开放空间内的小空气团为研究对象。

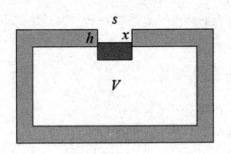

图5

如图5所示，若空气柱向内发生一个微小的位移x，由于小空气团对内部大空气团的压缩量很小，可以忽略内部大空气团的温度变化。

以空腔内部的大空气团为研究对象，由波义耳—马略特定律可知，被压缩前后空腔内部大空气团的体积和压强满足的关系式为

$$VP=(V-Sx)P' \qquad (4)$$

由（4）式可知，空腔内部的大空气团的压强为

$$P'=\frac{V}{V-Sx}P \qquad (5)$$

开放音孔中的小空气团受到内外气体压力的共同作用，合外力方向朝外，与其位移方向相反，即

$$F=-(P'-P)S \qquad (6)$$

由（5）、（6）两式可得

$$F=\frac{Sx}{V-Sx}PS \qquad (7)$$

在通常条件下，相对于陶笛的总表面积而言，陶笛音孔的面积S很小，音孔中的小空气团振动的位移x也很小，存在$V \gg Sx$，则（7）式可简化为

$$F=-\frac{PS^2}{V}x \qquad (8)$$

观察（8）式可知，在小振幅条件下，开放音孔中的小空气团受到的回复力与其偏离平衡位置的位移成正比，方向相反，且比例系数为

$$k=\frac{PS^2}{V} \qquad (9)$$

因此，开放音孔中的小空气团在其平衡位置附近做简谐运动，类比弹簧振子的频率公式，可知小空气团的振动频率为

$$f = \frac{1}{2\pi}\sqrt{\frac{k}{m}} \qquad\qquad (10)$$

为了求解开放音孔中的小空气团的质量m，选择开放音孔处的小空气团为研究对象，由克拉伯龙方程可知

$$PSh = \frac{m}{M}RT \qquad\qquad (11)$$

由（11）式可知，开放音孔中的小空气团的质量为

$$m = \frac{MPSh}{RT} \qquad\qquad (12)$$

将（9）、（12）式代入（10）式，可得开放音孔中的小空气团振动的固有频率分别为

$$f = \frac{1}{2\pi}\sqrt{\frac{R}{M}}\sqrt{\frac{T}{h} \cdot \frac{S}{V}} \qquad\qquad (13)$$

其中M为空气分子平均摩尔质量，R为普适气体常数，T为热力学温度。

（三）理论探究结论

对比（3）式和（13）式可以发现，理论分析结论与实验探究结论完全吻合。

显然，陶笛吹奏发出声音源自于开放音孔中小空气团的振动，音孔内的小空气团可视为振子，空腔内的大空气团可视为弹性体；陶笛吹奏发声频率与开放音孔面积的平方根成正比，与陶笛内部空气的热力学温度的平方根成正比，与陶笛内部空气体积的平方根成反比，与陶笛壁厚度的平方根成反比。

四、实验验证

上述理论探究结论不但成功解释了"陶笛吹奏发音频率与音孔开放总面积的平方根成正比"这一实验探究结论，还预言了"陶笛吹奏发音频率与空腔体积的平方根成反比"这一规律。

对于一个陶笛来讲，改变音孔开放面积十分容易，而改变一个陶笛的体积则十分困难。为了检验空腔体积对陶笛吹奏发音频率的影响，不妨先利用酒瓶进行实验验证。

（一）实验探究

为了探究酒瓶内部空气体积对吹奏发音频率的影响，需要测定瓶口直径、酒瓶内空气体积和吹奏发音频率。为此，用50分度游标卡尺测瓶口直径，用量程为25ml的量筒测定酒瓶内空气的体积，用智能手机中安装的音频分析软件Gstings测定酒瓶吹奏发音的频率。

实验所使用的酒瓶为衡水老白干酒瓶，肚大、口小、颈短，外观呈卵圆形，净含量为500毫升，实际容积为782毫升，瓶口直径为2.020厘米，酒瓶外观如图6所示。

图6

（二）测量方法

1.利用智能手机下载并安装音频分析软件Gstings，只要对着智能手机吹奏瓶口，音频分析软件Gstings即可显示出酒瓶发音的频率值；

2.先将酒瓶灌满水，然后用量筒测量倒出的水的体积，这一测量值就是容器内部的空气的体积；

3.吹奏瓶口，在声音洪亮稳定的条件下，记录音频分析软件Gstings显示的频率值。

（三）数据获取

按照上述测量方法，以25ml为体积单位，利用倍增法逐一测量不同空气体积所对应的发音频率，测得的数据如表4所示。

表4　酒瓶吹口发音频率与瓶内空气体积的对应关系

体　积 / ml	50	75	100	125	150	175	200	225	250
频　率 / HZ	739	604	518	461	424	398	374	344	330
体　积 / ml	275	300	325	350	375	400	425	450	475
频　率 / HZ	314	301	288	277	267	261	252	246	236
体　积 / ml	500	525	550	575	600	625	650	675	700
频　率 / HZ	230	226	220	216	212	205	201	197	192
体　积 / ml	725	750	775	782					
频　率 / HZ	189	187	183	182					

（四）数据分析

将表4内的数据录入电子表格，并以酒瓶吹奏发音频率f为纵轴，以酒瓶内空气体积V为横轴，绘制散点图，并用幂函数趋势线进行数据拟合，得到的关系图像如图7所示。

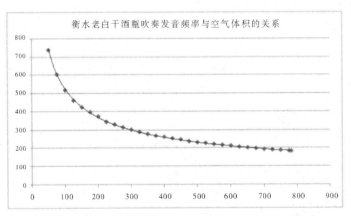

图7　酒瓶发音频率与酒瓶内部空气体积的关系图像

酒瓶发音频率f与酒瓶内空气体积V的散点图趋势线方程为

$$f=5446 \cdot V^{-0.500} \qquad (14)$$

由图7和式（14）可知，在误差允许的范围内，酒瓶吹奏发声频率f与酒瓶内部气体体积V的平方根成反比。

本着化曲为直的数据处理原则，在电子表格中，以酒瓶吹奏发声频率f为纵轴，以酒瓶内部气体体积V倒数的平方根为横轴，绘制散点图，并为散点图添加线性趋势线，得到如图8所示的图像。

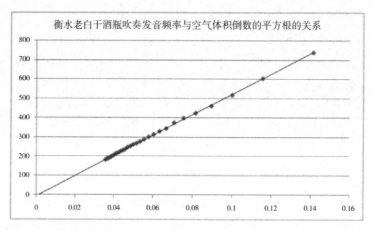

图8　酒瓶发音频率与酒瓶内部空气体积平方根倒数的关系图像

观察图8可知，在误差允许的范围内，酒瓶吹奏发音频率f与酒瓶内空气体积V的平方根成反比。

表5　各种酒瓶的吹口发音规律一览表

序　号	酒瓶来源	容　积	瓶口直径	函　数	参　数m	参　数n
1	五粮醇红淡雅	517ml	17.10mm	f=mVn	4337	−0.501
2	泸州老窖蓝花瓷	622ml	17.18mm	f=mVn	4790	−0.508
3	汾酒杏花村一坛香	251ml	17.30mm	f=mVn	4516	−0.556
4	睢州老窖	572ml	20.12mm	f=mVn	5263	−0.505
5	衡水老白干	782ml	20.20mm	f=mVn	5437	−0.508
6	汝阳杜康	1190ml	21.62mm	f=mVn	5126	−0.507

上述结果并非个例。笔者随后按照上述方法又测量了更多的酒瓶，发现每一个酒瓶测得的函数方程尽管各不相同，但在误差允许的范围内，均符合f=mV−0.5的规律。将每一个酒瓶的来源、函数方程和参数录入表5，按照瓶口直径从小到大的顺序排列。

观察表5可以发现：所测酒瓶吹奏发音频率f均随着瓶内空气体积V的增大而减小，所测酒瓶的幂函数的指数n与–0.5非常接近，在误差允许的范围内，酒瓶发音频率f与酒瓶内空气体积V之间的具体关系式为

$$f \propto \frac{1}{\sqrt{V}} \tag{15}$$

4.5 实验检验结论

对比（13）和（15）两式可以发现，基于酒瓶的吹奏发音频率与瓶内空气体积关系的探究结论与理论分析完全吻合。

五、结 论

以陶笛、酒瓶为代表的有孔空腔对孔吹奏发声时，空腔吹奏发声频率与孔的面积的平方根成正比，与空腔内部空气的热力学温度的平方根成正比，与空腔内部空气体积的平方根成反比，与空腔壁厚度的平方根成反比。发音公式如下：

$$f = \frac{1}{2\pi}\sqrt{\frac{R}{M}}\sqrt{\frac{T}{h} \cdot \frac{S}{V}}$$

其中M为空气分子平均摩尔质量，R为普适气体常数，T为热力学温度，S为孔的面积，V为空腔内空气的体积，h为空腔壁的厚度。

六、意 义

目前，陶笛、陶埙等吹奏乐器的设计和制作主要依赖于制作者经验和乐感，制作者一边调节音孔的大小，一边监听吹奏发声频率，直到满意为止。

本研究为陶笛、陶埙等吹奏乐器的调试和演奏提供了理论依据。由于空腔吹奏发声频率随着温度的升高而升高，演奏者在演奏陶笛、陶埙等吹奏乐器时，必须考虑环境温度对乐器调性的影响，及时做出相应的调整。

本研究还能解释一些灵异现象。当气流吹过岩洞的洞口、建筑物的窗户时，引起内部空腔吹奏发声，由于空腔体积很大，空腔开口面积很小，因此产生的是频率很低的次声波。次声波人耳感知不到，但是次声波可以作用于人体内脏器官，引发内脏器官运动发生紊乱，产生异样的感受，并在周围环境的影

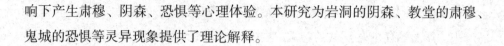

响下产生肃穆、阴森、恐惧等心理体验。本研究为岩洞的阴森、教堂的肃穆、鬼城的恐惧等灵异现象提供了理论解释。

参考文献

［1］许波.浅谈开发物理实验资源的有效途径[J].保山学院学报，2007，26（5）：44-46

［2］莫滨.敲击水杯音调变化的实验研究[J].物理实验，2005(05)：29-31

注：

1.对陶笛发音规律的实验探究报告2018年3月份在《物理通报》杂志发表。

2.对陶笛发音规律的理论分析报告2018年8月份在《湖南中学物理》杂志发表。

3.对酒瓶发音规律的实验探究报告2018年8月份在《物理教学》杂志发表。

高中生人际关系的研究

河南省南阳市第一中学　史晨阳　指导教师　李鹏岚

一、前　言

（一）课题研究的背景

人际关系是指人们在进行物质交往或精神交往的过程中发生、发展、建立的人与人之间的关系；建立正常的人际关系是社会文明进步的重要表现，处理好人际关系也体现着人的知识和修养，人际关系状况关系着个人的成长和成才，也关系着社会稳定、民族繁荣和谐发展。卡耐基说："一个人的成功，只有百分之十五是由于他的专业技术，而百分之八十五则要靠人际关系和他的为人处世能力。"人际交往在社会关系中处于核心地位，高中生是社会中的重要特殊群体，正处于学习知识和技能、了解社会和探索人生的重要发展阶段；从初中到高中同学们接受的知识内容、学习方式、成长环境都有很大的变化，进入高中，发现不少学生与老师、同学、父母的人际交往很不和谐，有位高一学生不能正确地理解接受老师的教育方式打骂教师；有位高二学生因生活琐事与同寝室友发生矛盾，用刀刺杀了同学；有位高三学生不能理解父母、姐姐对他学习生活上的严格要求，在网上雇凶杀死了亲生父亲和姐姐。高中生人际关系不和谐，不仅影响自己的身心健康成长发展，也给自己带来了很多不必要的烦恼，影响到家庭、学校、社会的文明和谐进步发展。高中学生在掌握科学知识能力的同时，不能忽视人际交往沟通能力的培养。人际交往是每个高中生必须要面对的一个成长发展问题，从现实中观察发现的这些高中生人际关系问题带给我很多的教育思考，也让我认识到高中生人际关系对我们高中生成长的重要性，让我对高中生人际关系这个问题特别感兴趣。在老师的指导下，我在学校研究性学习课程学习中选择了高中生人际关系的研究，经过一学年的研究实践，让我深深地认识到良好的人际交往对高中生的成长和发展起着极其重要的作用。

（二）课题研究内容

高中生的学习、生活环境主要是校园和家庭，交往的对象重点是父母、老师和同学。同学与父母的关系，是学生在学习生活和家庭活动中的亲情关系；师生关系是教师和学生在教育过程中形成的道德、教育、心理等方面的关系；同学关系是学生在学习、求知过程中相互作用和协同活动时的成长伙伴关系。本课题研究内容重点围绕高中生与同学、老师、父母的关系进行研究。

（三）研究目的意义

通过调查研究了解现阶段高中生人际交往的基本现状；分析现阶段高中生人际交往问题的原因；寻找解决高中生人际交往问题的方法；锻炼我的调查研究能力，增强我研究学习主动与父母、老师、同学交往的自觉性；同时让更多的高中生能够从我们的课题研究成果中得到启发，学会解决自身人际交往存在的问题，学会与同学、老师、父母友好相处，构建一个和谐的高中人际关系，培养自身的学科思想、人文精神，促进身心健康、全面、和谐发展。

（四）研究方法

1.观察研究

课题研究的前期准备时间，是在老师的指导下，运用观察法有目的、有计划地观察发现要研究问题的对象，明确观察的重点，客观地了解身边的人际

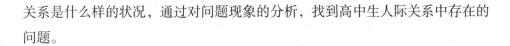

关系是什么样的状况，通过对问题现象的分析，找到高中生人际关系中存在的问题。

2.调查研究

在研究实践中设计调查问卷、分发调查问卷、汇总统计分析调查问卷，运用调查法了解高中生在校园里与同学、老师的人际关系现状，了解高中生在校园里存在哪些人际关系问题。

3.访谈研究

走访高中生家长，了解高中生在家中与父母存在的人际关系现状，了解高中生在家里存在哪些人际关系问题。

4.行动研究

在与父母、老师、同学交往中，通过课内外、校内外各类综合实践活动学习，将理论与实践行动研究相结合，认真完成课题研究实践过程中各项目标内容。

二、研究实施过程

本课题的研究过程分为三个阶段，根据不同阶段研究内容，按时完成不同阶段的研究任务。

（一）选题准备阶段

在老师的指导下认真完成研究内容、方法的选定，根据课题研究内容，选定研究对象，制订研究方案，设计好调查问卷和家长访谈内容，完成了前期准备的研究学习实践内容，确定了我们的研究重点是高中生与同学、老师、家长关系的研究，目标明确行动就有动力，增强了我的研究信心，让我们在老师的指导下，有计划地进行高中生人际交往的研究学习实践。

（二）研究实施阶段

1.调查问卷结果与分析

本次问卷调查重点设计了校园里同学们交流最多的12个问题：面对新的高中学习生活环境你如何做？在班级组织的活动中你如何做？你与同寝室的同学相处得怎么样？你与班级同学的关系如何？你和任课教师的关系相处得如何？你认为高中校园存在哪些人际关系？你平时对待同学的态度友好吗？你认为自己的人际关系处理得怎么样？你认为自己是个什么性格的人？你喜欢和校园哪种人交往？人际关系对你的学习生活有影响吗？如何构建一个和谐的高中人际关系？

问卷调查在校园内采取不计名方式进行，共调查300人，回收问卷296份，基本上能反映出我校学生人际交往的基本情况和存在的问题。

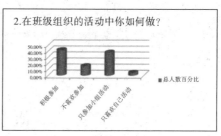

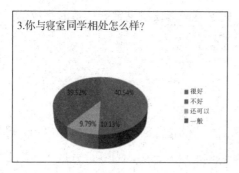

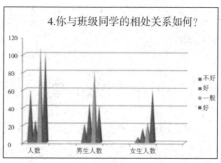

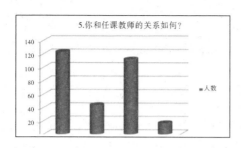

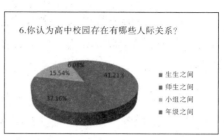

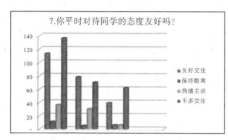

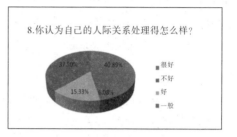

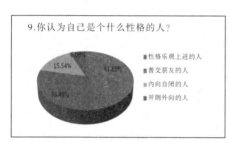

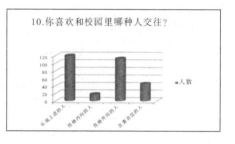

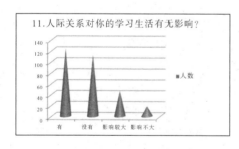

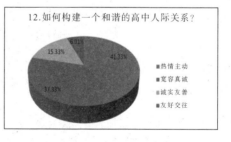

　　在研究实践中我们通过观察了解校园高中生问题，设计调查问卷，分发调查问卷，汇总统计分析调查问卷，运用调查法了解高中生在校园里与同学、老师的人际关系现状，了解高中生在校园里存在有哪些人际关系问题。从对学生的调查问卷分析中发现不少问题，不少学生与同学的交流少，学生不知道如何处理好自己与同学之间的关系。其中对学生新高中环境适应情况、参加班学习活动情况、与寝室同学相处等问题进行了详细调查。进入高中，学生对老师有了新的认识，并有了更高的要求，他们对于喜欢什么样的老师也有了更明确的看法，发现大多学生能够很好地处理好与同学老师的关系，也有学生不能正确地认识、处理好与同学、老师之间的关系。

从调查结果不难看出，能主动认识新同学的学生比较少。绝大多数同学能主动地参与到课堂的学习交流中，很快适应新的环境学习的人数还不够多，学生需要尽快适应高中的学习生活。大部分同学喜欢积极参加班级活动，少部分同学喜欢一个人自由活动。大部分同学在寝室与室友交往中能很好地与同学和谐相处，还有学生与同学的交往相处得不够好，这个比例达到百分之十。寝室的人际交往该如何处理，也需要我们去研究实践。大多数同学能够对自我有明确的认识，意识到人际交往的重要性，认识到人际关系对自己的学习有影响，希望建立和谐的高中人际关系，以促进自己的成长和学习。

2.访谈家长结果与分析

在高中人际关系研究中，对高中生与家长的关系重点采用了访谈研究法，针对同学们平时与家长交流关注最多的内容，设计了6个问题对家长进行了访谈。

序　号	高中生人际关系的研究访谈，家长问题内容交流
1	您和孩子关系相处得怎么样？
2	您与孩子交往时喜欢交流哪些问题？
3	当您与孩子产生矛盾时您会如何处理？
4	平时您最关注孩子身边的哪些问题？
5	孩子会把学校的学习生活见闻在家里交流吗？
6	您对孩子平时的表现满意吗？

在研究实践中走访了不少高中学生家长，我们了解到高中生在家庭存在的人际关系问题，不少家长都觉得与孩子难以沟通，孩子有话宁可与同学讲，也不愿对父母说。不少高中生认为不管在价值观念、交友方式、生活习惯，还是在着装打扮等方面，都与父母的认识有很大差距，思想识观念的差距不断加剧与父母间的心理隔阂，在访谈家长中让我认识到高中生学会与父母交往相处，对自己的成长有很大的帮助。

（三）高中生人际关系问题解决的方法

1.高中生要与父母和谐相处

父母是我们的启蒙老师，父母陪伴我们在欢笑中度过快乐美好的童年，从小到大父母关爱我们的身心健康、快乐成长，教育我们学习科学文化知识，我们要感恩父母、尊重父母、理解父母对我们的教育。

在与父母的相处上，首先要时刻提醒自己珍惜父母的爱心和关怀，天下最爱你的人是父母。父母处处为你牺牲，即使父母想法与你不一致，做法欠妥，也必有他们的良苦用心。其次，主动与父母表达自己的意愿和想法，消除误解，即使与父母交流，对父母要谦恭，不要随意发脾气，尊重父母的建议和指导，与父母出现矛盾时，要积极主动寻求父母谅解，在日常生活中学会与父母和谐相处。

2.高中生要与老师和谐相处

"亲其师信其道"，良好的师生关系能使自己拥有良好的情绪去面对学习。作为高中生，一方面要有意识地调整好自己对老师的看法，如果不满意教师的性格或教学方式，就会影响自己知识的学习和健全人格的形成；对教师有了正确的态度，才能认真听取教师的教育指导，通过不断向老师学习来充实自己，提高自己的知识能力素质。另一方面要知道师生关系是平等的，作为学生，如果对老师敬而远之，就会失去许多与老师相互沟通交流学习的机会，实际上一般老师都是愿意和学生建立亲密信任的师生关系的。师生关系是教育过程中人与人之间中最基本、最重要的人际关系，是教师和学生在教育活动中通过相互交往主动形成的，对教育效果具有重要影响的、特殊的人际关系。

所以，高中生不要总是被动地等待老师来关注自己，而是可以主动去和老师做交流，探讨课业上的疑问，也可以谈谈自己的学习生活心得，以便及时得到老师的理解和有效的指导。

3.高中生要与同学和谐相处

高中生与同学和谐相处，建立良好的人际关系，应注意交往的表达方式。学会与同学友善交往，主动与周围的同学交流沟通，开放自我，对自己会有新的认识和体验；懂得理解尊重同学，在与同学交往中，互相理解尊重，大家关系就容易融洽，也会减少不必要的摩擦；诚实守信，以诚相待，人与人的交往，最重要就是真诚和善意，这也是做人的根本。口是心非、虚伪傲慢的人是难以有朋友的。学会宽容同学：我们同学都处于成长阶段，处理问题上同学之间也会有不同的见解，这就要换位思考，宽容对待我们的同学，得到同学的帮助学会感恩；不能总是要求别人像父母兄弟姐妹一样关心自己，凡事都要别人替自己拿主意，让别人去做自己的事情，同学之间交往也要文明有礼。

我在班级小组内、班级课堂学习实践中，在课内外、校内外每日一歌、军训社会实践活动、艺术团等各类综合实践活动学习中，学会与同学交流合作，与同学建立了和谐的关系，在走进社区、走进法院、走进看守所、走进儿童福利院不同的研究、实践、服务活动中，与同学合作交流和谐相处，不断在与同学的交流学习中快乐成长。

高中生正确处理好与同学、老师、父母的友好交往。和谐的人际交往能够让我们获得真心的朋友，得到父母的关爱，得到老师良好的教育帮助，成为人生中宝贵的资源，有利于身心健康全面进步发展。

三、结 论

（一）研究实践总结

高中生的学习、生活环境主要是校园和家庭，交往的对象重点是父母、老师和同学，本课题我重点是对高中生与同学、老师、家长关系的研究。在老师的指导下，我认真研究实践每个环节，观察身边研究对象存在的问题，调查校内学生与同学、老师的人际关系问题现状；访谈在家庭里高中生与父母的人际关系问题现状，及时整理课题研究资料，按时完成了研究学习内容，在展示交流课题研究成果中学会交流分享，在研究学习实践过程中，我学会自我总结评价，班级也对我的研究成果进行了总结评价。经过一学年的研究实践，我按时完成了课题研究学习内容，积极向学校申报优秀课题成果，不断改革完善我的研究内容，认真做好决赛的各项准备，争取赛出好成绩。

通过对高中生人际关系研究实践，我了解到高中生人际关系现状，分析了现阶段高中生人际交往问题出现的原因，寻找到高中生解决人际关系问题的方法，在研究学习实践中，掌握了科学的研究方法，锻炼了我的调查研究能力，增强了我与父母、老师、同学交往的自觉性，学会与同学、老师、父母友好相处，增强了我的责任感和主动交往的自觉性，构建了和谐的高中人际关系，这对我们以后的人生成长发展会有更多的教育和帮助作用。

（二）创新点

在观察、调查、访谈、行动研究学习实践中，我学会了与同学、老师、父母友好相处，增强了我主动与父母、老师、同学交往的自觉性，构建了一个和谐的高中人际关系；通过交流展示我的课题研究成果让校园里更多的高中生得到教育启发，学会解决自身人际交往存在的问题，学会交流、学会合作、学会求知，培养自身学科思想、人文精神，促进身心健康全面和谐发展。

（三）收获与体会

在高中生人际关系的研究实践中，我学会了积极与父母沟通交流，主动向老师求知，与同学和睦相处，把课题研究实践的成果，变成我积极的学习生活现实行动，在研究实践中我增长了很多知识和才干，收获着成长的进步和快乐。感谢我的学校老师、父母、同学在研究过程中的指导和帮助！

通过对高中生人际关系的研究，我学会了用研究性学习的方法，解决我身边需要解决的学习生活问题，在研究学习实践过程中，我对高中生的人际关系问题有了进一步的了解和认识，高中生要学会正确处理好与同学、老师、父母的友好交往，和谐的人际交往能够让我们获得真心的朋友，得到父母的关爱，得到老师良好的教育帮助，有利于促进我们高中生身心健康、全面、和谐发展。

参考文献

［1］刘俊庭，吴纪饶．高中生健康教育[M]．广州：高等教育出版社，1999．

［2］王昉荔．中学生人际交往的困境及对策［J］．教学与管理，2007．

关于济源发展变化的调查报告

卫梦圆　翟艺菲　郑婧琳　郑安琪　辅导教师：赵鹏军（济源市轵城镇实验小学）

一、调查背景

　　济源因济水发源地而得名，古济水与长江、黄河、淮河并称"四渎"，是愚公移山故事的发祥地。面积1931平方公里，人口72万，位居河南洛阳、焦作及山西晋城、运城四市的中间地带，素有"豫西北门户"之称。1988年撤县建市，1997年成为河南省最年轻的省辖市，2003年被列入"中原城市群"，2005年被列为河南省城乡一体化试点城市。2012年被列入中原经济区核心区域，2014年以来先后被确定为全国小城市综合改革试点市。

　　济源的发展变化，是经过济源人民60多年来的艰苦奋斗铸造的辉煌成就，在经济、交通、建筑、文化等方面有了新的突破和变化，但我们生长在济源的小学生却对济源的新旧变化、发展历程知之甚少。在此次综合实践活动《我看家乡新变化》主题体验活动中，我们将调查济源在经济、交通、建筑、文化建设方面取得的成就，分析家乡发展变化的原因，从而感悟"愚公移山敢为人先"的城市精神，树立知家乡、爱家乡的情感。

二、调查基本情况

（一）调查目的

主要研究以下五个方面的问题

1.调查从新中国成立后到现在，济源市在经济建设方面所取得的成就；

2.交通道路建设运输工具的变化，以及对济源经济的影响；

3.调查济源城市建筑和农村建筑在改革开放前后的变化；

4.济源文化事业的发展变化；

5.分析经济、交通、建筑、文化发展变化的原因。

（二）项目的执行情况

本次研究历时六个月（2017.1.18—2017.7.18）。

此次调查的范围界定为济源市境内，被调查的单位和个人定义为在济源市内的政府职能部门、重点企业、城市住宅小区、农村居民组、公共文化场所及有关专业人士。

调查实施时间为2016年1月18日至2017年6月30日，调查方法以参观访问法、实地考察法、统计法、结合文献研究法为主。此次调查实施自始至终都进行了严格的质量控制，督导员（由调研所核心成员担任）对调查过程进行了全过程检查、督导，指导教师对调查过程进行了全程监控。

数据处理和制图、制表、视频制作使用SPSS、EXCEL和绘声绘影软件。

（三）被调查单位和采访的基本情况

根据实际情况，我们选择了政府有关职能部门8个（济源市统计局、济源市国税局、济源市档案局、济源市城市规划展览馆、住建局、交通局、文广新局、交通运输管理局、农村道路管理处）；选取重点企业4家（小浪底水利枢纽工程、济源钢铁、豫光金铅、万洋冶炼）；小型民企1家（济源洪润饮品）；文艺团体2个（济源市戏剧艺术发展中心、济源市群艺馆）；走进6个村庄（承留镇花石村、思礼镇水洪池村、大峪镇王庄村、寺郎腰村、坡头镇马场村、玉泉办事处陆家岭）；济源全境高速公路站点4个；采访专业人士20人。

三、调查结果

经济发展

（一）在调查中收集到的重要文献资料

《辉煌60年》济源市统计局编撰；

《巨变30年》济源市统计局编撰；

《2016济源统计年鉴》济源市统计局编撰。

（二）济源市GTP总量、人均GTP统计表

年　份	生产总值（万）	人均生产总值（元）	人　口（万）
1949	0.12	55	1.6
1978	17820	368	48.5
2007	2237407	33199	67.4
2015	4925443	67797	72.7

2015年财政基金预算收支决算统计表

单　位：万　元

预算科目	决算科目	预算科目	决算数
政府性基金收入	48556	教　育	96048
上级补助收入	18286	文化体育传媒	91
		社会保障和就业	6835
		城乡社区事务	50834
		交通运输	28536
上年结余	848	节能环保	20435
		医疗卫生	82964
收入总计	67690	支出总计	67690

济源市国家税务局公布济源市重点纳税企业（部分）

济源市万洋冶炼（集团）有限公司

河南济钢（集团）有限公司

河南豫光金铅集团有限责任公司

小浪底水利枢纽工程

河南华能国电沁北电厂

河南恒通化工集团公司

河南金利金铅集团有限公司

交通变化

（一）交通运输工具发展变化调查统计表

交通运输工具	时间及数量	
	改革开放前	现　在
自行车	很　少	每家至少1辆
校　车	没　有	92辆
私家车	几乎没有	109994辆
载货汽车	很　少	11981辆
摩托车	极　少	43302辆
电动车	没　有	每家至少1辆
拖拉机	没　有	19959辆
挂　车	没　有	3313辆
公交车	没　有	158台
共享单车	没　有	1000辆

（二）道路交通建设的变化

1.济源农村公路发展变化调查统计表

时 间	农村公路状况
1995年以前	16个乡镇521个行政村，只有国道、省道沿线的4个乡镇和45个行政村通油路，其余476个行政村路晴通雨阻，还有86个行政村不通公路
1996年	实现了乡乡通油路、村村通公路，平原区村村通油路，实现了市、乡、村城乡公路一体化大贯通。全市农村公路总里程500公里，柏油路面里程100公里
2009年	实现了乡乡通二级公路，村村通水泥（油）路，组组通水泥路，全市总里程2800多公里
目 前	农村公路通车总里程达到3075公里，其中县道267公里，乡道678公里，村道983公里，组道1147公里

2.济源干线公路的发展变化

时 间	干线公路状况
新中国成立初期	全市仅有一条通往沁阳的土公路，全长30余公里
1987年	国道207建成通车
1996年	规划建设济阳公路
1997年	建设卫柿公路（焦克公路）
2003年	环城公路完工
目 前	形成环城公路环绕市区，国道207线、郭木线纵贯南北温邵线、卫柿线、获轵线横穿东西的"一环二纵三横"公路主线网，干线公路总里程增加到274公里

3.济源高速公路的发展变化调查统计表

时　间	高速公路状况
2002年12月	我市第一条高速公路开工建设。2005年9月建成通车，实现了我市高速公路通车里程零的突破
2003年6月	济焦高速公路开工，2005年9月建成通车
2004年9月	济晋高速公路开工，2008年12月建成
2005年11月	济邵高速公路开工，2008年12月通车
目　前	全市通车总里程100公里，形成横穿东西、纵贯南北的高速公路"十"字形区域枢纽，在全国创造了镇镇通高速的奇迹

4.济源交通运输行业发展变化调查统计表

行　业	改革开放前	目　前
客运行业	很　少	3家，分别是：环球运输有限公司（营运客车93台，旅游车辆25台，营运线路37条）；交通客运有限公司（营运车辆134台，营运线路32条）；交运公共交通有限公司：（营运车辆158台，线路11条，含2条夜间线路，60余个公交站点；公共自行车系统共设站点72个，投放公共自行车1000辆）
货运行业	很　少	全市共有货物运输企业54家，车辆9800余辆。全市道路运输服务业55家，其中：物流信息38家、货运中转13家、搬运装卸4家
维修行业	很　少	全市维修企业178家，其中： 一类9家，二类83家，三类86家
驾培行业	极　少	全市共9家驾校，其中：一类2家；二类7家
出租行业	极　少	全市出租企业3家，分别为济源市环球小汽车出租有限公司、济源市亚飞出租小汽车有限公司、济源市雅士达小汽车出租有限公司，车辆共计867台

建筑成就

（一）城乡建筑发展调查统计表

信息渠道	统计科目	1978年前	1978年之后
实地考察 查阅书籍 听讲述	公用建筑 （政府单位）	简陋、一层或两层 土坯或青砖	红砖房、风扇、逐步为大气、高层、抗震、夏有空调冬有暖气
实地考察、 听讲述	公用建筑 （学校）	简陋、一层或两层，土坯或青砖、逐步有风扇 仅有上文化课的教室	两层、三层、四层的都有混凝土、有风扇、一多半教室有空调，正在逐步全面向空调过渡，微机室、音乐室、舞蹈室等齐全
参观城展馆 实地考察、 上网、	公用建筑 （商场）	百货大楼、工贸中心、北市场	丹尼斯、大张、大润发、信尧城市广场、遍布济源的小商场
实地考察、 听讲述	民用建筑 （民居）	窑洞、土坯房、	青砖二层房、红砖二层房、六层商品楼、高层抗震、混凝土别墅

（二）济源市商品房销售调查统计表

年 份	商品房销售面积
1993年以前	0
1993年	0.84万平方米
2007年	42.79万平方米
2014年	524871平方米
2015年	497969平方米
2016年	469450平方米

文化成果

（一）文化设施建设

1．城市文化设施。近几年来，先后建成了世纪广场、篮球城、文化城、图文信息大楼等一大批城市文化基础设施项目。

2．乡镇文化设施建设。

2016年全市文化体育设施投资8855万元。

群艺馆、图书馆、博物馆。

3．广播电视建设。

广播电视实现"村村通"：广播人口综合覆盖率97.5%，电视综合人口覆盖率98.8%。

（二）群众文化活动开展情况

送戏曲下乡800场次，歌舞下乡160余场次，艺术培训下乡520余次，电影下乡4000余场次。

（三）文艺创作情况

近年来，先后创作了一大批优秀文艺作品，获得国家、省级以上各类奖项200余项。

大型现代豫剧《王屋山下》获得了全国第六届文华新剧目奖和中宣部"五个一工程"提名奖及河南省"五个一工程"奖。

群舞《愚公魂》获得全国群星奖金奖和省政府第三届文学艺术成果奖优秀奖。

现代豫剧《王屋山的女人》曾先后荣获上海白玉兰戏剧表演艺术奖、中国戏剧"梅花奖"。

大型豫剧《愚公》是济源市为献礼党的十九大而打造的重点精品剧目，已入选第四届中国豫剧节暨中国豫剧优秀剧目北京展演月展演剧目。

（四）取得荣誉

1995年，济源市被国家文化部、人事部评为全国文化模范市。

2014年9月，济源市被确定为全国基层综合性文化服务中心试点。

2015年7月，济源市成功获得第三批国家公共文化服务体系示范区创建资格。

四、结论与建议

通过调查，我们得出以下结论：

1. 济源的经济发展经历了三个阶段

1949—1978年，摸索前进、曲折发展阶段。

1978—1997年，改革开放的平稳发展和撤县建市的较快发展阶段。

1997至今，省直管后高速发展阶段。

2. 60多年来，特别是改革开放以来，济源人民在中国共产党的领导下，弘扬愚公移山精神，团结奋斗、艰苦创业，克服了无数困难和挫折，国民经济和社会发展取得了巨大成就，人民生活得到了明显的改善：经济总量快速提升，产业结构更加优化，财政实力明显增强。2015年财政收入突破60亿元大关。

3. 济源经济的发展带动了各项工作的新突破、新变化，与人民群众生活息息相关的科学、教育、文化、住房、医疗卫生表现出空前的繁荣。义务教育实现均衡发展，城市和农村服务功能日渐完善，城市公交、共享单车、共享电动轿车，为市民低碳出行提供了便利；购物广场和农村超市日渐增多，农村淘宝店、快递服务网点遍布村镇，农民也会使用支付宝在网上购物和微信支付；农村文体设施齐全，文化生活丰富多彩，农村大妈也在跳广场舞。交通运输的发展密切了城乡之间的联系，每逢节假日城市居民到农村进行劳动体验，走进农家乐品农家菜，促进了农民收入的增加。城乡差别在逐渐减小。

4. 大交通的建设推动了交通运输业的发展，促进了济源经济的繁荣，彻底改变了人们的生活方式，出门有车坐，购物不出门，吃饭网上订餐，快递送餐上门，早上去晨练，晚上广场舞，大戏送上门，文化生活丰富多彩。看病能报销，养老有保障，农民也有"退休金"。

5. 美丽乡村建设走在全国的前列，全国文明城市、全区域城乡一体化示范城市正在崛起，济源人生活在美丽的家乡，享受到了在中国共产党的领导下，以经济建设为中心，坚持改革开放取得的巨大成果。

建议：

（1）我们在走访中发现，超限超载车辆较多，道路损坏现象严重，道路的管理需要进一步加强。

（2）为了更加方便农村群众的出行，需要增加农村客运线路和运行次数。

（3）城乡学校教学设施配备相差太多。城市学校的教室都有空调，电脑配备齐全，学校各功能室齐全，农村学校与之相比差太多。希望政府能够重视这一问题，让农村的孩子也能享受优质的教学条件与资源，真正实现教育均衡。

（4）在偏远的山区还有少量的困难户，他们靠国家的补助过日子，补助花完照样贫穷。政府应给予他们脱贫的方法，帮助他们从根本上解决问题。

（5）希望送戏下乡、戏曲进校园活动常态化，丰富农村群众文化生活。